U0743149

常见法律纠纷实务指导丛书

中国人民大学大学生法律援助中心

# 合同纠纷

## HETONG JIUFEN

**总主编　周院生　张自合**

**本书撰稿人　张自合　贺宝刚**
**王黎东　王　烁**
**刘道华　吴莹莹**

中国检察出版社

## 《常见法律纠纷实务指导丛书》编委会

丛书总主编　周院生　张自合

丛书编委　马莹莹　孙　皓　张茜雯　魏　琨
　　　　　李　楠　王丽莎　张晓磊　徐　蓉
　　　　　刘　晔　毛自荐　赵玉琪　贺宝刚
　　　　　袁　辉　黄　辉

# 前　　言

　　中国人民大学大学生法律援助中心成立于 1998 年，是北京市司法局授予的"法律援助志愿者工作站"，是全国高校中第一个完全由大学生组成的专门的法律援助机构。中心成立是基于这样一种想法：大学生应当尽其所学，关注社会弱势群体，服务人民，回馈社会，践行正义，为公益事业尽一份力量。10 年来，中心志愿者们利用自己的课余时间帮助了北京乃至全国数以万计的当事人，成为高校法律援助组织中引人注目的亮点。2006 年 4 月，中心被教育部思想政治工作司和北京市委教育工委授予"践行社会主义荣辱观，寻找身边的榜样"主题教育活动的"校园大使"。

　　这套丛书，是中心的志愿者们利用自己课余时间进行研究的工作成果之一。作为在校学生，我们提供援助的时间毕竟有限，在我们从事法律援助的过程中，总是感到无力满足庞大的法律援助需求，面对求助的目光，我们总是感到力不从心。"授人以鱼不如授人以渔"，让普通大众学会自己运用法律武器，来维护自身合法权益，是我们编写这套丛书的目的。

　　这套丛书的特点在于：第一，强调实用性，介绍一些与群众生活密切相关的知识，尽量做到通俗实用。第二，注重实例，用大量案例说明问题，供大家参考。生活实例皆切合实际需要。分析解答本质上是在为当事人服务，在这样的理念下，理论探讨应当让位于为当事人提供简单、易懂的步骤建议和富有操作性的行动方案，这就要求解答者对于法条有相对完整的调研，对于行文措辞有慎重的选择，对于理论分析有必要的取舍，我们追求并且秉承这样的风格和思路。

作为在校学生，我们水平有限，不当之处在所难免，欢迎一切批评和建议。

欢迎大家登录中国人民大学大学生法律援助中心的网站 www.rdflyz.org.cn 与我们进行交流沟通。

编者
2009 年 4 月

# 目 录 Contents

## 第二章　买卖合同纠纷

# 第九章　保管合同纠纷

# 第十章　委托合同纠纷

# 第十一章　保险合同纠纷

# 第十二章　储蓄存款合同纠纷

# 第一章 合同总则

## 🅿 1. 我国《合同法》的适用范围是什么?①

合同法是规范市场交易的基本法律,它涉及人们生活领域的方方面面,与人们的生活密切相关。

合同是平等主体之间订立的民事权利义务关系的协议,民事权利义务关系,主要是指财产关系,有关婚姻、收养、监护等身份关系的协议不适用合同法。婚姻、收养、监护等有关身份关系的协议,虽然也具有协议的性质,但不属于债权债务协议,而是具有身份性质,因而不适用合同法,而由专门的法律,如婚姻法、收养法以及有关监护的法律进行特别的规范。

不属于民事法律关系的其他活动,不适用合同法。(1)企业、单位内部的管理关系,是管理与被管理的关系,不是平等主体之间的关系,也不适用合同法。例如,加工承揽是民事关系,适用合同法;而工厂车间内的生产责任制,是企业的一种管理措施,不适用合同法。(2)劳动合同不适用《合同法》的规定。

## 🅿 2. 我国《合同法》的基本原则是什么?

我国合同法的基本原则有:平等原则、自愿原则、公平原则和

---

① 本书关于《合同法》条文含义的阐释,主要参考了中国人大网(www. npc. gov. cn)"法律释义"栏目刊载的《中华人民共和国合同法释义》。

诚实信用原则。

（1）平等原则。平等原则是指当事人无论具有什么身份，也无论其经济实力的强弱，在合同关系中相互之间的法律地位都是平等的，没有高低从属之分，不存在命令者与被命令者、管理者与被管理者，一方不得将自己的意志强加给另一方，在权利义务对等的基础上，经充分协商达成一致，以实现互利互惠的经济利益目的的原则。

（2）自愿原则。自愿原则是指当事人依法享有在缔结合同、选择相对人、决定合同内容以及在变更和解除合同、选择合同补救方式等方面的自由。合同自愿原则是合同法最基本的原则。自愿原则是贯彻合同活动的全过程的，包括：第一，订不订立合同自愿，当事人依自己意愿自主决定是否签订合同；第二，与谁订合同自愿，在签订合同时，有权选择对方当事人；第三，合同内容由当事人在不违法的情况下自愿约定；第四，在合同履行过程中，当事人可以协议补充、协议变更有关内容；第五，双方也可以协议解除合同；第六，可以约定违约责任和免责条款，在发生争议时，当事人可以自由选择解决争议的方式。总之，只要不违背法律、行政法规强制性的规定，合同当事人有权自由决定。

应当指出的是，我国合同法所确定的合同自愿是一种相对的自由，而非绝对的自由，不是想怎样就怎样；当事人订立合同、履行合同，应当遵守法律、行政法规，尊重社会公德，不得扰乱社会经济秩序，损害社会公共利益。一般来讲，合同的订立和履行，属于合同当事人之间的民事权利义务关系，主要涉及当事人的利益，只要当事人的意思不与强制性规范、社会公共利益和社会公德相抵触，就承认合同的法律效力，国家及法律尽可能尊重合同当事人的意思，一般不予干预，由当事人自主约定，采取自愿的原则。但是，合同绝不仅仅是当事人之间的问题，有时可能涉及社会公共利益和社会公德，涉及维护经济秩序，合同当事人的意思应当在法律允许的范围内表示，不是想怎么样就怎么样。为了维护社会公共利益，维护正常的社会经济秩序，对于损害社会公共利益、扰乱社会经济秩序的行为，国家应当予以干预。至于哪些要干预，怎么干预，都要依法进行，由法律、行政法规作出规定。

（3）公平原则。公平原则要求合同双方当事人之间的权利义务要公平合理，要大体上平衡，强调一方给付与对方给付之间的等值性，合同上的负担和风险的合理分配。具体包括：第一，在订立合同时，要根据公平原则确定双方的权利和义务，不得滥用权利，不得欺诈，不得假借订立合同恶意进行磋商；第二，根据公平原则确定风险的合理分配；第三，根据公平原则确定违约责任。

（4）诚实信用原则。诚实信用原则要求当事人在订立、履行合同，以及合同终止后的全过程中，都要诚实，讲信用，相互协作。诚实信用原则具体包括：第一，在订立合同时，不得有欺诈或其他违背诚实信用的行为；第二，在履行合同义务时，当事人应当遵循诚实信用的原则，根据合同的性质、目的和交易习惯履行及时通知、协助、提供必要的条件、防止损失扩大、保密等义务；第三，合同终止后，当事人也应当遵循诚实信用的原则，根据交易习惯履行通知、协助、保密等义务，称为后契约义务。诚实信用原则作为合同法基本原则的意义和作用，主要有以下两个方面：第一，将诚实信用原则作为指导合同当事人订立合同、履行合同的行为准则，有利于保护合同当事人的合法权益，更好地履行合同义务。第二，合同没有约定或约定不明确而法律又没有规定的，可以根据诚实信用原则进行解释。

## 3. 未成年人可以订立合同吗？

《合同法》规定"当事人订立合同，应当具有相应的民事权利能力和民事行为能力"。民事权利能力是指法律赋予民事主体享有民事权利和承担民事义务的能力，也就是民事主体享有权利和承担义务的资格，是作为民事主体进行民事活动的前提条件。公民的权利能力始于出生，终于死亡。一般说来，公民订立合同的权利能力不受限制。但是，公民的民事行为能力受到一般的生理和年龄条件的限制。民事行为能力是指民事主体以自己的行为享有民事权利、承担民事义务的能力。这里的"能力"是指民事主体的意识能力或者精神状态，包括思维是否正常，是否有认识能力、判断能力，是否具有辨别是非和处理自己事务的能力。

根据《民法通则》的有关规定，自然人的民事行为能力可以分为完全民事行为能力、无民事行为能力和限制民事行为能力三种情况。18 周岁以上的公民是成年人，具有完全民事行为能力，可以独立进行民事活动，是完全民事行为能力人。不满 10 周岁的未成年人和不能辨认自己行为的精神病人是无民事行为能力人。10 周岁以上的未成年人和不能完全辨认自己行为的精神病人是限制民事行为能力人。

要求公民在订立合同时必须具有相应的民事行为能力，是为了保护无民事行为能力人和限制民事行为能力人的利益，因为这些人不具有对自己所实施的行为所应当具有的理解和判断的能力，也不了解自己行为的后果，因此其实施超越其行为能力的行为，往往会使自己蒙受损害。

不满 10 周岁的未成年人，由于年龄太小，认识能力与判断能力太差，还不能有意识、有目的地进行民事活动，从保护他们的利益和保障社会经济秩序出发，法律不赋予他们民事行为能力。不能辨认自己行为的精神病人，由于他们丧失了认识能力和判断能力，无法独立进行民事活动，从维护他们的利益与保障社会经济秩序出发，法律规定 10 周岁以下无民事行为能力人不能订立合同，即使订立也没有法律效力。他们所需要签订的合同，由他们的父母或者其他法定代理人代为进行。

10 周岁以上的未成年人，生理与心理有一定程度的发育，并且已接受一定程度的正规而有系统的社会教育，有一定的认识能力与判断能力，具有一定的独立生活能力，并且随着年龄的增长，各方面的能力也在不断地增强，具备了一定的从事民事活动的能力。因此，法律应当赋予他们一定的民事行为能力。另一方面，虽然有一定的行为能力，但智力发展还不全面，社会生活经验还不够丰富，认识能力与判断能力还比较弱，对某些较为复杂的事情还不能完全进行成熟地认识与判断，也不完全具备有效地保护自己的能力。因此，法律不能赋予他们完全的民事行为能力，而是赋予他们一定的、与其认识能力和判断能力相适应的行为能力。他们签订的合同属于效力待定合同，要经过其法定代理人的追认，在没有经过追认前，该合同虽然成立，但是并没有实际生效。所谓追认，是指法定代理人明确无误地表示同意未成年人与他人签订的合同。这种同意是一种单方意思表示，无须合同的相对人同意即可发生效力。法定代理人的追认应当以明示的方式作出，并且应当为合同的相对人所了解，才能产生效力。法定代理人以行动自愿履行合同的行为也可视为法定代理人对合同的追认。

　　未成年人签订的合同，并非所有的都必须经过法定代理人的追认。纯获利益的合同或者与其年龄、智力、精神健康状况相适应而订立的合同，不必经法定代理人追认就具有法律效力。"纯获利益"一般是指限制民事行为能力人在某合同中只享有权利或者利益，不承担任何义务，如未成年人接受奖励、赠与、报酬等，对于这些纯获利益的合同，他人不得以行为人的限制民事行为能力为由，主张该合同不具有效力。同时，未成年人也可独立订立与其年龄、智力、精神健康相适应的合同，这类合同一般是日常生活方面的合同，如购买书本、乘坐交通工具等；对于不能完全辨认其行为的精神病人在其健康状况允许时，可订立某些合同，而不经法定代理人追认。除此之外，限制民事行为能力人订立的合同就必须经过其法定代理人的同意后才具有法律效力。

　　上述规定也适用于其他限制民事行为能力人。

**◈生活实例◈接受赠与纯获利，无须法定代理人同意**

　　爸爸去世后，因妈妈与奶奶关系紧张，小刚与爷爷、奶奶往来非常少。小刚现在14岁，正在上初三，因为学习的需要很想要一台电脑，但妈妈单位不景气，经济比较困难，没钱买。爷爷、奶奶知道后，买了一台电脑送给他，但小刚妈妈知道后坚决要退回去，理由是未经她同意小刚不得接受别人的东西。小刚妈妈的说法对吗？

◈**分析解答**◈《合同法》第 47 条第 1 款规定："限制民事行为能力人订立的合同，经法定代理人追认后，该合同有效，但纯获利益的合同或者与其年龄、智力、精神健康状况相适应而订立的合同，不必经法定代理人追认。"虽然小刚是限制民事行为能力人，但爷爷、奶奶送的电脑是一种赠与行为，小刚是纯获利益者，所以，是否接受爷爷、奶奶所送的电脑，小刚自己就可以做主，不需要经过妈妈的同意。

## 4. 企业超出其经营范围订立的合同有效吗？

法人是法律设定的民事主体，法人的民事权利能力和民事行为能力，从法人成立时产生，到法人终止时消灭。法人的民事行为能力是通过法人的法定代表人、代表机构或者代理人来实现的。

法人的民事权利能力与民事行为能力取决于有关法律、法规的规定以及有关部门对法人设立等的审查批准，不同法人的权利能力、行为能力的范围是不同的。一般来说，法人的业务范围或者经营范围就是法人的民事权利能力与民事行为能力的范围，法人的权利能力与行为能力在范围上是一致的。

最高人民法院《关于适用〈中华人民共和国合同法〉若干问题的解释（一）》第 10 条规定："当事人超越经营范围订立合同，人民法院不因此认定合同无效。但违反国家限制经营、特许经营以及法律、行政法规禁止经营规定的除外。"此解释实际上承认了法人超越经营范围而订立的合同是有效的。

## 5. 代理他人签订的合同由谁履行？

自然人、法人进行民事活动，一是亲自实施某种民事法律行为，二是通过代理人实施某种民事法律行为。通过代理人实施民事法律行为，就涉及民法中的代理。《民法通则》规定，代理人在代理权限内，以被代理人的名义实施民事法律行为。被代理人对代理人的代理行为承担民事责任。这一规定表明代理人代理活动产生的法律后果由被代理人承担。

代理分为法定代理、指定代理和委托代理三种形式。委托代理是代理中适用最广泛、最普遍的一种形式，除具有人身关系性质的民事活动外，一般民事活动都可以实行委托代理。当事人依法可以委托代理人订立合同。按照《民法通则》的规定，委托代理可以采用口头形式，也可以采用书面形式。如果是书面形式的委托代理，应当签发授权委托书。授权委托书属单方法律行为，一经被代理人签发，立即生效。授权委托书是产生委托代理的根据。在订立和履行合同的过程中，如果第三人要求证明委托代理的资格，委托代理人应当出示授权委托书。

## ? 6. 可以口头订立合同吗？

合同的形式是当事人订立合同的意思表示的表现形式。当事人订立合同，有书面形式、口头形式和其他形式。法律、行政法规规定采用书面形式的，应当采用书面形式。当事人约定采用书面形式的，应当采用书面形式。

书面形式是指以文字等可以有形地再现内容的方式达成的协议。这种形式明确肯定，有据可查，有利于防止争议和解决纠纷。书面形式一般是指当事人双方以合同书、书信、电报、电传、传真等形式达成协议。

口头形式是指当事人面对面地谈话或者以通讯设备如电话交谈达成协议。以口头订立合同的特点是直接、简便、快速，数额较小或者现款交易通常采用口头形式。如在自由市场买菜、在商店买衣服等。口头合同是老百姓日常生活中广泛采用的合同形式。口头形式当然也可以适用于企业之间，但口头形式没有凭证，发生争议后，难以取证，不易分清责任。

除了书面形式和口头形式，合同还可以以其他形式成立。最高人民法院《关于适用〈中华人民共和国合同法〉若干问题的解释（二）》第2条规定，当事人未以书面形式或者口头形式订立合同，但从双方从事的民事行为能够推定双方有订立合同意愿的，人民法院可以认定是以《合同法》第10条第1款中的"其他形式"订立的合同。但法律另有规定的除外。此类合同是指当事人未用语言明确表示成立，而是根据当事人的行为推定合同成立，如租赁房屋的合同，在租赁房屋的合同期满后，出租人未提出让承租人退房，承租人也未表示退房而是继续交房租，出租人仍然接受租金。根据双方当事人的行为，我们可以推定租赁合同继续有效。

实践中应当采用书面形式的合同主要有两种情形：一是法律、行政法规有应当采用书面形式的明确要求的，二是当事人约定采用书面形式的。这两种情况下，如果没有以书面形式来订立合同，则合同没有合法成立。

法律、行政法规规定或者当事人约定采用书面形式订立的合同，当事人应当采用书面形式订立合同。在未采用书面形式之前，应当推定合同不成立。但是，形式不是主要的，重要的在于当事人之间是否真正存在一个合同。如果合同已经得到履行，即使没有以规定或者约定的书面形式订立，合同也应当是成立的。如果合同不违反法律的强制性规定，就是有效的。

❖生活实例❖ 买牛原为已怀犊，口头约定缺证据[①]

原告王老汉诉称，其听同村人说张老汉有两头奶牛要卖，大牛怀牛五个月，小牛怀牛三个月，遂与同村张某一起去看牛。张老汉承诺牛已受孕，若未受孕就退牛、退钱。因此，双方按牛已受孕的标准以13200元的价格达成并履行了买卖合同。王老汉将牛牵走的

---

① 宋维明、张鑫萌：《花一万三买奶牛 未怀牛犊要求退钱》，载北京法院网，http：//bjgy. chinacourt. org/public/detail. php？id=69748。

第二天就发现牛有返青现象，经多次找张老汉要求退牛、退钱无果，后直接将牛退还，但张老汉一直未归还购牛款。因此诉至法院，要求张老汉返还购牛款13200元。张老汉辩称，当时其只是说牛3月份配了一个，5月份配了一个，并未保证牛确已受孕，王老汉系自愿购买，不能退还。

法院经审理认为，原被告商定的买卖奶牛的合同有效且已实际履行，任何人不得擅自变更或解除该合同。原告以被告的奶牛没有怀孕，要求解除已履行完毕的合同，没有相应的证据证实，无法支持。因此判决驳回了原告的诉讼请求。

◈**分析解答**◈本案中原告王老汉主张的事实都是口头的，没有以书面形式留下证据，所以，即使其所讲述的可能是当时的客观情况，由于没有证据支持，也只能得到败诉的后果。

## 7. 通过短信等电子形式可以订立合同吗？

合同的书面形式有多种，最通常的是当事人双方对合同有关内容进行协商订立的并由双方签字（或者同时盖章）的合同文本，也称做合同书或者书面合同。通常合同书中明确地记载合同双方当事人的权利义务、解决争议的方法等具体内容。因此，发生争议可以按照合同的规定进行处理，比较容易解决纠纷，摆脱了"口说无凭"的状况。所以，最好采用签订合同书的形式。合同书有多种多样，有政府机关或行业协会等推荐的示范性合同文本，也有营业者提供的由营业者制订的格式合同文本，大量的还有双方当事人自己签订的合同文本。一般来说，作为合同书应当符合如下条件：必须以某种文字、符号书写；必须有双方当事人（或者代理人）的签字（或者同时盖章）；必须规定当事人的权利义务。合同不仅可以由双方当面签字订立，也可以以信件方式订立，信件又可以以平信、挂号信以及特快专递等多种形式来完成。

合同的书面形式，除了上述传统意义上的方式外，还有数据电文。数据电文是指经由电子手段、光学手段或类似手段生成、发送、接收或者储存的信息，附着科技的发展，数据电文的手段从初期的电报、电传或者传真发展到电子数据交换（EDI）、电子邮件（E-mail）以及其他电子方式。

由于合同书、信件和数据电文可以有形地表现所载内容的形式，因此可以作为合同的订立方式，但合同的订立方式并不限于明确规定的这几类。凡是可以有形地表现所载内容的形式都可以作为合同的书面形式。联合国国际贸易法委员会的电子商业示范法对数据电文的规定就是"包括但不限于"电报、电传、传真、EDI 和电子邮件。表明数据电文尚可有其他形式。合同法并不排斥其他形式的书面合同。

※生活实例※短信是合同形式，担保债务也应偿①

2008 年 11 月，李某经营一家五金商店，需要一笔钱，向刘某借款 5 万元，期限为半年。刘某担心李某到期不还，要求李某提供担保。李某便电话联系本村的一个好友王某。因当时王某在外地出差，李某与刘某协商后提出，只要王某向刘某发送一个同意承担连带责任担保的手机短信就行。王某碍于情面答应了。半年后，李某因生意严重亏损逃之夭夭，音信全无。于是，刘某要求王某偿还借款遭拒。刘某诉至法院要求王某还款。

法院审理后认为，根据我国《合同法》第 10 条、第 11 条的规定，"当事人订立合同有书面形式、口头形式和其他形式"，"书面形式是指合同书、信件和数据电文（包括电报、电传、传真、电子数据交换和电子邮件）等可以有形地表现所载内容的形式"。这里的数据电文，是指包含通讯网络在内的网络条件下，当事人之间为了实现一定的目的，通过电子邮件和电子数据交换所明确相互权利义务关系的协议。其中，当然也包括手机短信。因此，手机短信属于我国《合同法》第 10 条、第 11 条规定的合同形式的一种。

---

① 朱乐：《短信是合同形式 担保债务也应偿》，载北京法院网，http：//bjgy. chinacourt. org/public/detail. php？id＝79933。

王某通过手机短信表示愿意担保，刘某也同意由其担保，双方之间已经形成了合意，担保合同已经成立。最终法院判决王某承担刘某的担保债务 5 万元。

◈**分析解答**◈《合同法》规定的成立合同的书面形式范围很广，短信这种形式是可以通过信息的存储，通过电子数据交换系统再现，属于订立合同的其他形式。合法订立的合同受到法律的保护。本案中债权人刘某要求债务人李某提供担保，王某应李某请求向债权人刘某发短信作出承担连带责任的保证的意思表示，并为刘某接受，应当视为已经成立了保证合同，王某应当依合同履行其保证义务。

## ❓ 8. 合同应当具备哪些条款？

合同的条款是合同中经双方当事人协商一致、规定双方当事人权利义务的具体条文。合同的条款就是合同的内容。合同的权利义务，除法律规定的以外，主要由合同的条款确定。

根据《合同法》第 12 条的规定，合同的内容由当事人约定，一般包括以下条款：

（1）当事人的名称或者姓名和住所。这是每一个合同必须具备的条款，当事人是合同的主体。合同中如果不写明当事人，谁与谁做交易都搞不清楚，就无法确定权利的享受和义务的承担，发生纠纷也难以解决，特别是在合同涉及多方当事人的时候更是如此。合同中不仅要把应当规定的当事人都规定到合同中去，而且要把各方当事人名称或者姓名和住所都规定准确、清楚。

（2）标的。标的是合同当事人的权利义务指向的对象。标的是合同成立的必要条件，是一切合同的必备条款。没有标的，合同不能成立，合同关系无法建立。合同对标的的规定应当清楚明白、准确无误，对于名称、型号、规格、品种、等级、花色等都要约定得细致、准确、清楚，防止差错。特别是对于不易确定的无形财产、劳务、工作成果等更要尽可能地描述准确、明白。订立合同中还应当注意各种语言、方言以及习惯称谓的差异，避免不必要的麻烦和纠纷。

（3）数量。数量是确定合同标的具体条件之一。一般而言，合同的数量要准确，选择使用共同接受的计量单位、计量方法和计量工具。根据不同情况，要求不同的精确度，允许的尾差、磅差、超欠幅度、自然耗损率等。

（4）质量。质量指标准、技术要求，包括性能、效用、工艺等，一般以品种、型号、规格、等级等体现出来。合同中应当对质量问题尽可能地规定细致、准确和清楚。

（5）价款或者报酬。价款一般指对提供财产的当事人支付的货币，如买卖合同的货款、租赁合同的租金、借款合同中借款人向贷款人支付的本金和利息等。报酬一般是指对提供劳务或者工作成果的当事人支付的货币，如运输合同中的运费、保管合同与仓储合同中的保管费以及建设工程合同中的勘察费、设计费和工程款等。

（6）履行期限、地点和方式。履行期限是指合同中规定的当事人履行自己的义务，如交付标的物、价款或者报酬，履行劳务、完成工作的时间界限。履行期限直接关系到合同义务完成的时间，涉及当事人的期限利益，也是确定合同是否按时履行或者迟延履行的客观依据。履行地点是指当事人履行合同义务和对方当事人接受履行的地点。履行地点也是在发生纠纷后确定由哪一地法院管辖的依据。因此，履行地点在合同中应当规定得明确、具体。履行方式是指当事人履行合同义务的具体做法。不同的合同，决定了履行方式的差异。买卖合同是交付标的物，而承揽合同是交付工作成果。履行可以是一次性的，也可以是在一定时期内的，也可以是分期、分批的。

（7）违约责任。违约责任是指当事人一方或者双方不履行合同或者不适当履行合同，依照法律的规定或者按照当事人的约定应当承担的法律责任。当事人可以在合同中约定违约责任，如约定定金、违约金、赔偿金额以及赔偿金的计算方法等。

（8）解决争议的方法。解决争议的方法指合同争议的解决途径，对合同条款发生争议时的解释以及法律适用等。解决争议的途径主要有和解、调解、仲裁和诉讼。当事人可以约定解决争议的方法，如果意图通过诉讼解决争议是不用进行约定的，通过其他途径解决都要事先或者事后约定。依照仲裁法的规定，如果选择适用仲裁解决争议，除非当事人的约定无效，即排除法院对其争议的管辖。当事人选择和解、调解方式解决争议，都不能排除法院的管辖，当事人可以提起诉讼。选择解决争议的方法要规定得具体、清楚，比如选择仲裁的不能笼统规定"采用仲裁解决"，而是应当约定到某一具体的仲裁委员会申请仲裁解决。否则，将无法确定仲裁协议条款的效力。

为了使当事人订立合同更加认真、更加规范，尽量减少合同规定缺款少项、容易引起纠纷的情况，有关部门和机构对各类合同制定了详细的示范文本，实践中合同的示范文本的使用对于提示当事人在订立合同时更好地明确各自的权利义务起到了积极作用。

## ❓ 9. 条款不完整的合同有效吗？

合同的条款由当事人约定，一般包括前述条款，但不限于这些条款。不同的合同，由其类型与性质决定，其主要条款或者必备条款可能是不同的。比如，买卖合同中有价格条款，而在无偿合同如赠与合同中就没有此项。合同的条款是否齐备、准确，决定了合同能否成立、生效以及能否顺利地履行、实现订立合同的目的。合同的条款可以分为必要条款和非必要条款。必要条款是指合同所必须具备的条款，缺少这些条款合同不成立。非必要条款是指不是合同必须具备的条款。也就是说，即使合同不具备这些条款也不影响合同的成立。

一般认为，合同的标的、数量是合同的必备条款，需由当事人明确约定。当事人没有约定，或者约定不明确的，合同内容无法确定，合同不成立。当事人约定了合同的标的、数量，合同就可以依法成立。对质量、价款、履行地点、履行方式、履行期限、履行费用未作出约定，或者约定不明确，当事人可以协议补充确定。不能达成补充协议的，可以通过合同的有关条款或者交易习惯确定。

当事人在合同中对质量、价款、履行地点、履行方式、履行期限、履行费用未约定，或者约定不明确，既不能通过协商达成补充协议，又不能按照合同的有关条款或者交易习惯确定，可以适用下列规定：

（1）质量标准不明确的，有国家标准、行业标准的，按照国家标准、行业标准履行；没有国家标准、行业标准的，按照同类产品或者同类服务的市场通常质量标准或者符合合同目的特定标准履行。这里讲的通常标准，指的是同一价格的中等质量标准。

（2）价款不明确的，除依法必须执行政府定价、政府指导价的以外，按照同类产品、同类服务订立合同时履行地的市场价格履行。

（3）履行地点不明确的，如果是给付货币，在接受给付一方的所在地履行；交付不动产的，在不动产所在地履行。其他标的在履行义务一方的所在地履行。

（4）履行期限不明确的，债务人可以随时向债权人履行义务，债权人也可以随时请求债务人履行义务；不能即时履行的，应当给对方必要的准备时间。

（5）履行方式不明确的，按照标的物性质决定的方式或者有利于实现合同目的的方式履行。

（6）履行费用的负担不明确的，由履行义务一方负担履行费用。

我国司法实践中一般对合同的必备条款从宽认定，对合同的形式除法律有特别规定以外，不作限制、一体承认。最高人民法院《关于适用〈中华人民共和国合同法〉若干问题的解释（二）》第1条规定："当事人对合同是否成立存在争议，人民法院能够确定当事人名称或者姓名、标的和数量的，一般应当认定合同成立。但法律另有规定或者当事人另有约定的除外。对合同欠缺的前款规定以外的其他内容，当事人达不成协议的，人民法院依照合同法第61条、第62条、第125条等有关规定予以确定。"这样可以在最大程度上尊重当事人的意思自治，积极促成合同的有效。

## ❓ 10. 合同的订立过程包括什么环节？什么是要约和承诺？

合同本质上是一种合意，使合同得以成立的合意是指当事人对合同必备条款达成一致意见，合同的订立，是双方达成合意的过程。

在《合同法》中，有两个不同的概念，一个是"合同的订立"，一个是"合同的成立"。这是两个概念既相互联系，又相互区别。合同的成立仅仅是合同订立的组成部分，标志着合同的产生和存在，属于静态的结果。合同的订立则既含有合同成立这个结果，又包括缔约各方接触洽商的动态过程，可以说涵盖了交易行为的大部分。《合同法》将合同的订立分为两个阶段：即要约阶段和承诺阶段，经过这两个阶段以后，合同即已经成立。

向对方提出合同条件作出签订合同的意思表示称为要约，即要约是希望和他人订立合同的意思表示，法律意义上的要约应当符合下列条件：

（1）要约是特定合同当事人的意思表示。发出要约的目的在于订立合同，要约人必须使接收要约的相对方能够明白是谁发出了要约以便作出承诺。因此，发出要约的人必须能够确定，必须能够特定化。作为要约人只要能够特定即可，并不一定需要说明要约人的具体情况，也不一定需要知道他究竟是谁，不需要一切情况都清清楚楚。如自动售货机，消费者不需要了解究竟是哪家公司安置，谁是真正的要约人。只要投入货币，作出承诺，便会完成交易。

（2）要约的内容明确具体，必须具备足以使合同成立的主要条件。这要求要约的内容必须是确定的和完整的。所谓确定的是要求必须明确清楚，不能模棱两可、产生歧义。所谓完整的是要求要约的内容必须满足构成一个合同所必备的条件，但并不要求一个要约事无巨细、面面俱到。一项要约的内容可以很详细，也可以较为简明，一般法律对此并无强制性要求。只要其内容具备使合同成立的基本条件，就可以作为一项要约。

（3）要约必须具有缔约目的并表明经承诺即受此意思表示的拘束。能否构成一个要约要看这种意思表示是否表达了与被要约人订立合同的真实意愿。这要根据特定情况和当事人所使用的语言来判断。很多类似订约建议的表达实际上并不表示如果对方接受就成立了一个合同，如"我打算100万元把我的房子卖掉"，尽管是特定当事人对特定当事人的陈述，也不构成一个要约。

（4）要约必须向要约人希望与之缔结合同的相对人发出。合同因相对人对于要约的承诺而成立，所以要约不能对希望与其订立合同的相对人以外的第三人发出。要约一般应向特定人发出，但相对人是否必须是特定的人，则不一定。现实有许多向不特定人发出要约的情况，如网上交易系统的开通。但不是说在一切情况下都可以向不特定的人发出要约，要约一般还是应向特定人发出。因为，相对人的特定化意味着要约人对谁有资格作为承诺人，作为合同相对方作出了选择，这样对方一承诺，一个合同就成立了。如果相对人不确定，则作为合同的另一方当事人就是不确定的，既然不确定，作出承诺后合同也不一定成立。

承诺是指受要约人同意接受要约的全部条件以缔结合同的意思表示。作为使合同得以成立生效的承诺，必须具备一定的条件，其必要条件是：

（1）承诺必须由受要约人作出。要约是要约人向特定的受要约人发出的，受要约人是要约人选定的交易相对方，受要约人进行承诺的权利是要约人赋予的，只有受要约人才能取得承诺的权利，受要约人以外的第三人不享有承诺的权利。因此，第三人进行承诺不是承诺，只能视做对要约人发出了要约。如果订约的建议是向不特定人发出的，并且如果该订约建议可以构成要约，则不特定人中的任何人均可以作出承诺。

（2）承诺须向要约人作出。承诺是对要约的同意，是受要约人与要约人订立合同，当然要向要约人作出。如果承诺不是向要约人作出，则作出的承诺不视为承诺，达不到与要约人订立合同的目的。

（3）承诺的内容须与要约保持一致。这是承诺最核心的要件，承诺必须是对要约完全的、单纯的同意。因为受要约人如果想与要约人签订合同，必须在内容上与要约的内容一致，否则要约人就可能拒绝受要约人而使合同不能成立。如果受要约人在承诺中对要约的内容加以扩张、限制或者变更，便不能构成承诺，而应当视为对要约的拒绝，但认为同时提出了一项新的要约，称为反要约。

（4）承诺必须在要约的有效期内作出。如果要约规定了承诺期限，则承诺应在规定的承诺期限内作出，如果要约没有规定承诺期限，则承诺应当在合理的期限内作出。如果要约的承诺期限已过，或者已超过一个合理的时期，则不应再作出承诺。如果承诺期限已过而受要约人还想订立合同，当然也可以发出承诺，但此承诺已不能视为是承诺，只能视为是一项新的要约。原来的要约人不再受原要约的拘束，他可以不答应受要约人，当然也可以答应。

一般而言，一方发出要约，另一方作出承诺，合同就成立了。但是，有时要约和承诺往往难以区分。许多合同是经过了一次又一次的讨价还价、反复协商才得以达成。

## 11. 什么是要约邀请?

要约邀请，是邀请或者引诱他人向自己发出订立合同的要约的意思表示。要约邀请可以是向特定人发出的，也可以是向不特定的人发出的。要约邀请与要约不同，要约是一个一经承诺就成立合同的意思表示，而要约邀请只是邀请他人向自己发出要约，自己只有承诺才成立合同。要约邀请处于合同的准备阶段，没有法律约束力。

根据《合同法》的规定，下列各项属于要约邀请：

（1）寄送的价目表。价目表仅指明什么商品、什么价格，并没有指明数量，对方不能以"是"、"对"或者"同意"等肯定词语答复成立合同，自然不符合作为要约的构成要件，只能视做要约邀请。发送的商品价目表，是商品生产者或者销售者推销商品的一种方式。这种方式当然表达行为人希望订立合同的意思，但并不表明他人表示承诺就立即达成一个合同。实际上，寄送的价目表与货物标价陈列在性质上没有什么差别，只是方式有所不同，商品标价陈列也属于要约邀请。

（2）拍卖公告。拍卖是一种特殊买卖方式。一般认为，在拍卖活动中，竞买人的出价为要约，拍卖人击槌（或者以其他方式）拍定为承诺。拍卖人在拍卖前刊登或者以其他形式发出拍卖公告、对拍卖物的宣传介绍或者宣布拍卖物的价格等，都属于要约邀请。

（3）招标公告。招标投标是一种特殊的签订合同的方式，广泛应用于货物买卖、建设工程、土地使用权出让与转让、租赁、技术转让等领域。招标是指招标人采取招标通知或者招标公告的方式，向不特定的人发出，以吸引投标人投标的意思表示。投标是指投标人按照招标人的要求，在规定的期限内向招标人发出的包括合同全部条款的意思表示。对于招标公告或者招标通知，一般都认为属于要约邀请，不是要约。而投标是要约，招标人选定中标人，为承诺。

（4）招股说明书。招股说明书是股份有限公司在公司设立时由公司发起人向社会公开募集股份时或者公司经批准向社会公开发行新股时，向社会公众公开的说明文书。招股说明书是向社会发出的要约邀请，邀请公众向公司发出要约，购买公司的股份。认股人认购股份，为要约，公司卖出股份，为承诺，买卖股份的合同成立。但是，如果发起人逾期未募足股份的情况下，则依法失去承诺的权利，认股人撤回所认购的股份。招股说明书是要约邀请，但并非一般的要约邀请，是具有法律意义的文件。这一点与一般的要约邀请不同。

## 12. 商业广告是要约吗?

商业广告是指商品经营者或者服务提供者承担费用、通过一定的媒介和形式直接或间接地介绍自己所推销的商品或者所提供的服务的广告。商业广告的目的在于宣传商品或者服务的优越性,并以此引诱顾客购买商品或者接受服务。对于商业广告,一般认为是要约邀请。但法律并不排除商业广告如果符合要约所要求的内容确定要件也可以成为要约。一般来说,如果广告中含有"保证现货供应"、"先来先买",或者含有确切的期限保证供货等词语,即表明该商业广告中含有一经承诺即受拘束的意思,这种广告就应视为要约,广告人要受到该广告内容的约束。如广告中称:"我公司现有某型号的水泥1000吨,每吨价格200元,先来先买,欲购从速。"一旦购买者前来要求以200元的价格购买,只要这1000吨水泥没有被其他先来者购走,该公司都应满足,而不应加价销售。因为其广告行为属于要约,购买者前来购买的行为,已经构成承诺。

## 13. 悬赏广告是要约吗?

悬赏广告是指声明对完成一定行为之人给予报酬的广告。一般认为,悬赏广告是向不特定人发出的要约。悬赏广告所要求的事项是特定的,完成所要求事项的承诺人只有一个人,或只有很少的人。但无论有几个人,如果符合广告的条件,完成了广告所要求的行为,发出悬赏广告的人都必须按照广告的约定支付报酬,否则,要承担违约责任。当有数人先后分别完成悬赏广告要求的行为时,由最先完成该行为的人取得报酬请求权;数人共同或同时分别完成行为时,由行为人共同取得报酬请求权。

以广告声明对完成一定行为,经评定为优等的人给予报酬的，为优等悬赏广告。当评定完成时，广告人负有给付报酬的义务。

**※生活实例※悬赏广告达到目的后应兑现酬金①**

2005年6月30日中午，朱某在某市某电影院看完电影散场时，将装有其所在单位面值60多万元的机电用品提货单及附加费等物品的一个公文包遗忘在了座位上。位于几排后的李某发现后，将公文包捡起，在现场等候良久，未见失主来寻，便将包带走。后朱某先后于7月5日、7日在该市日报和晚报上刊登寻包启事，声明"一周内有知情送还者酬谢10000元"。当晚李某得知朱某刊登的寻包启事，即据启事与朱某取得联系。次日，双方在约定的时间和地点交接钱物，但在是否给付酬金的问题上发生了争执。李某遂向法院起诉，要求朱某依其悬赏广告支付酬金。

被告朱某辩称，原先以为拾得者通过丢失的公文包内的提单、私人联系册可以和自己取得联系将包归还，但一个星期后没有消息。考虑到只有在明确酬金具体数目的情况下，才有与拾包者取得联系的可能，所以才明确给付酬金10000元，其实并不是出于自己的真实意思，故而现在不同意支付10000元。

法庭经审理后认为，原告将拾得的公文包交还被告，已经履行了悬赏广告上规定的义务，被告没有支付报酬是引起纠纷的主要原因。遂根据《合同法》第14条、第109条的规定，判决被告支付原告10000元酬金，并承担本案的诉讼费用。

**※分析解答※**最高人民法院《关于适用〈中华人民共和国合同法〉若干问题的解释（二）》第3条规定："悬赏人以公开方式声明对完成一定行为的人支付报酬，完成特定行为的人请求悬赏人支付报酬的，人民法院依法予以支持。但悬赏有合同法第52条规定情形的除外。"本案中拾包人还包后失主不付其悬赏广告中声明的报酬，应负相应的违约责任。

---

① 杨潇：《说说广告这点事之三：悬赏广告达到目的后应兑现酬金》，载北京法院网，http://bjgy.chinacourt.org/public/detail.php? id=71310。

## 14. 要约的法律效力是什么？

　　要约的法律效力又称为要约的拘束力。一个要约如果符合前文所分析的构成要件，就要对要约人和受要约人产生一定的效力。

　　要约的法律效力首先涉及要约开始生效的时间。要约到达受要约人时生效。采用数据电文形式订立合同，收件人指定特定系统接收数据电文的，该数据电文进入该特定系统的时间，视为到达时间；未指定特定系统的，该数据电文进入收件人的任何系统的首次时间，视为到达时间。这里所谓的到达，不是指要约必须在实际上到了受要约人或者其代理人的手中，而是要约送到了受要约人及其代理人实际控制的地方，即视为到达。例如，以信件为载体的要约，送到受要约人及其代理人的信箱，就视为到达。

　　要约可以撤回，撤回要约的通知应当在要约到达受要约人之前或者与要约同时到达受要约人。要约的撤回是指在要约发出之后但在生效以前，要约人欲使该要约不发生法律效力而作出的意思表示。撤回要约的条件是撤回要约的通知在要约到达受要约人之前或者同时到达受要约人，如果撤回要约的通知在要约到达受要约人以后到达，则要约已经生效，是否能够使要约失效，就要看是否符合撤销的条件。因此，要约人如欲撤回要约，必须选择快于要约的方式向受要约人发出撤回的通知，使之能在要约到达之前到达受要约人。

　　要约可以撤销，撤销要约的通知应当在受要约人发出承诺通知之前到达受要约人。要约的撤销是指要约人在要约发生法律效力之后而受要约人承诺之前，欲使该要约失去法律效力的意思表示。要约的撤销与要约的撤回不同在于：要约的撤回发生在要约生效之前，而要约的撤销发生在要约生效之后；要约的撤回是使一个未发生法律效力的要约不发生法律效力，要约的撤销是使一个已经发生法律效力的要约失去法律效力；要约撤回的通知只要在要约到达之前或与要约同时到达就发生效力，而要约撤销的通知在受要约人发出承诺通知之前到达受要约人，不一定发生效力。在法律规定的特别情形下，要约是不得撤销的：（1）要约人确定了承诺期限或者以其他形式明示要约不可撤销；（2）受要约人有理由认为要约是不可撤销的，并已经为履行合同做了准备工作。

要约在一定情形下可以失效。要约的失效指要约丧失法律效力，要约人与受要约人均不再受其约束，要约人不再承担接受承诺的义务，受要约人亦不再享有通过承诺使合同得以成立的权利。根据《合同法》第 20 条的规定，有下列情形之一的，要约失效：

（1）拒绝要约的通知到达要约人。受要约人接到要约后，通知要约人不同意与之签订合同，则拒绝了要约。在拒绝要约的通知到达要约人时，该要约失去法律效力。如果受要约人的回复没有作出承诺，但提出了一些条件，要约人在规定期限内仍不作答复，可以视为拒绝要约。

（2）要约人依法撤销要约。

（3）承诺期限届满，受要约人未作出承诺。要约中确定了承诺期限的，表明要约人规定了要约发生法律效力的期限，超过这个期限不承诺，要约的效力当然归于消灭。如果要约中没有规定承诺期限，受要约人也不对要约作答复，一般而言，在通常的情况下如果要约人发出要约后一段合理期间内没有收到承诺，则要约失效。

（4）受要约人对要约的内容作出实质性变更。受要约人对一项要约的内容作出实质性的变更，为反要约。提出反要约就是对要约的拒绝，使要约失去效力，要约人即不受其要约的拘束。

## 15. 有效的承诺应当符合什么条件？

根据《合同法》的相关规定，有效的承诺应当符合下列条件：

（1）承诺应当以通知的方式作出，但根据交易习惯或者要约表明可以通过行为作出承诺的除外。

承诺方式是指受要约人将其承诺的意思表示传达给要约人所采用的方式。一般说来，法律并不对承诺必须采取的方式作规定，而只是一般规定承诺应当以明示或者默示的方式作出。所谓明示的方法，一般依通知，可以口头或者书面表示承诺。一般说来，如果法律或要约中没有规定必须以书面形式表示承诺，当事人就可以以口头形式表示承诺。如果要约人对承诺方式没有特定要求，承诺可以明确表示，也可由受要约人的行为来推断。所谓的行为通常是指履行的行为，比如预付价款行为。缄默是不作任何表示，即不行为，不构成承诺。但是，如果当事人约定或者按照当事人之间的习惯做法，承诺以缄默与不行为来表示，则缄默与不行为又成为一种表达承诺的方式。但是，如果没有事先的约定，也没有习惯做法，而仅仅由要约人在要约中规定如果不答复就视为承诺是不行的。

（2）要约中规定了承诺期限的，承诺必须在要约规定的期限内到达要约人。因为超过承诺期限，则要约失效，在此期限内作出的承诺才是有效的承诺。要约没有规定承诺期限的，如果是口头要约，则按照一般的法律规定，必须即时承诺才有效。口头发出的要约包括双方面谈提出的要约和在电话交谈中提出的要约，对于这种口头要约，如当时不立即表示接受，则在谈话结束后，该项口头要约即不复存在。要约以非对话方式作出的，承诺应当在合理期限内到达。要约以信件或者电报作出的，承诺期限自信件载明的日期或者电报交发之日开始计算。信件未载明日期的，自投寄该信件的邮戳日期开始计算。要约以电话、传真等快速通讯方式作出的，承诺期限自要约到达受要约人时开始计算。

受要约人超过承诺期限发出承诺的，要约人及时通知受要约人该承诺有效的，该承诺才有效，否则，该承诺视为新要约。受要约人在承诺期限内发出承诺，按照通常情形能够及时到达要约人，但因其他原因承诺到达要约人时超过承诺期限的，除要约人及时通知受要约人因承诺超过期限不接受该承诺的以外，该承诺有效。

（3）承诺的内容应当与要约的内容一致。因为现实中的承诺往往不是简单地回答"是"或者"同意"，承诺是否与要约完全一致，也是需要进行判断的。形式上虽然承诺对要约内容有变更，但实质上并没有变更的，仍然可以认为与要约一致，承诺仍为有效。受要约人对要约的内容作出实质性变更的，为新要约。有关合同标的、数量、质量、价款或者报酬、履行期限、履行地点和方式、违约责任和解决争议方法等的变更，是对要约内容的实质性变更。承诺对要约的内容作出非实质性变更的，除要约人及时表示反对或者要约表明承诺不得对要约的内容作出任何变更的以外，该承诺有效，合同的内容以承诺的内容为准。

另外，与要约可以撤回一样，承诺可以依法撤回。承诺的撤回是指受要约人阻止承诺发生法律效力的意思表示。由于承诺一经送达要约人即发生法律效力，合同即刻成立，所以撤回承诺的通知应当在承诺通知到达之前或者与承诺通知同时到达要约人。如果撤回承诺的通知晚于承诺的通知到达要约人，则承诺已经生效，合同已经成立，受要约人便不能撤回或撤销承诺。

## ❓ 16. 合同在何时成立?

承诺为意思表示，所以意思表示效力发生之时也就是承诺效力发生之时。合同因对方要约的承诺而成立，所以承诺效力发生之时，就是合同成立之时，当事人亦于此时开始享有合同权利、承担合同义务。

承诺通知到达要约人时生效。承诺不需要通知的，根据交易习惯或者要约的要求作出承诺的行为时生效。如果由于邮局、电报局及其他原因导致承诺通知丢失或延误，一律由发出承诺的人承担后果。采用数据电文订立合同，收件人指定特定系统接收数据电文的，承诺人的数据电文进入该特定系统的时间，视为到达时间；未指定特定系统的，承诺人的数据电文进入收件人的任何系统的首次时间，视为到达时间。

当事人采用合同书形式订立合同的，自双方当事人签字或者盖章时合同成立。采用合同书等书面形式订立合同，由合同双方当事人签字盖章，这是我国企业间订立合同的一般方式。在承诺生效之后提出签订合同书的，因为合同已经成立，合同书只是作为合同成立的证明。但是，双方当事人的签字盖章也只是形式问题，实质上应当追求当事人的真实意思。如果一个以合同书形式订立的合同已经履行，而仅仅是没有签字盖章，就认定合同不成立，则违背了当事人的真实意思。当事人既然已经履行，合同当然成立，除非当事人的协议违背法律的强制性规定。

最高人民法院《关于适用〈中华人民共和国合同法〉若干问题的解释（二）》第 5 条规定，当事人采用合同书形式订立合同的，应当签字或者盖章。当事人在合同书上摁手印的，人民法院应当认定其具有与签字或者盖章同等的法律效力。

当事人在合同的订立过程中，常常会提出签订确认书的要求，确认书双方交换签字后，才作为合同正式成立的依据。这种销售确认书实质上是一份简单的书面合同。采用信件、数据电文订立合同的，当事人可以在要约或者承诺中提出签订确认书的要求，合同以最后签订的确认书为成立。一方当事人在承诺生效后（即合同成立后）提出签订确认书的要求，对合同的成立不产生任何影响。

## 17. 合同成立的地点如何确定？

口头的合同，一般以承诺生效地点为合同成立的地点。书面合同，以合同达成的地点为合同成立的地点。双方当事人在合同成立以前约定以合同书形式订立合同的，以签字或者盖章的地点为合同成立的地点。如果当事人以要约与承诺达成合同后又协商签订合同书的，除非当事人另有约定，合同已于承诺生效时成立，承诺生效的地点为合同订立的地点。

最高人民法院《关于适用〈中华人民共和国合同法〉若干问题的解释（二）》第 4 条规定，采用书面形式订立合同，合同约定的签订地与实际签字或者盖章地点不符的，人民法院应当认定约定的签订地为合同签订地；合同没有约定签订地，双方当事人签字或者盖章不在同一地点的，人民法院应当认定最后签字或者盖章的地点为合同签订地。

## 18. 如何对格式条款进行规制？

格式条款又称为标准条款、标准合同、格式合同，是自 19 世纪发展起来的，是在某些行业进行频繁的、重复性的交易的过程中为了简化合同订立的程序而形成的，这些行业一般是发展较大的具有一定规模的企业，往往具有垄断性，如水、电、热力、燃气、邮电、电信、保险、铁路、航空、公路、海运等行业。政府部门拟定的示范合同文本不属于合同法上的格式条款。

使用格式条款的好处是简捷、省时、方便、降低交易成本，但其弊端在于，提供商品或者服务的一方往往利用其优势地位，制定有利于自己而不利于交易对方的条款，这一点在消费者作为合同相对方时特别突出。因此，必须在立法上予以限制。合同法规定了提供格式条款一方在拟定格式条款以及在订立合同时应当遵循的原则和义务。

首先，应当遵循公平的原则确定双方的权利和义务，不能利用自己的优势地位制定不公平的条款欺负对方当事人。

其次，提供格式条款的一方当事人应当采取合理的方式提请对方注意免除或者限制其责任的条款，并按照对方提出的要求，对该类条款予以说明。根据最高人民法院《关于适用〈中华人民共和国合同法〉若干问题的解释（二）》规定，提供格式条款的一方对格式条款中免除或者限制其责任的内容，在合同订立时采用足以引起对方注意的文字、符号、字体等特别标识，并按照对方的要求对该格式条款予以说明的，符合"采取合理的方式"。提供格式条款一方对已尽合理提示及说明义务承担举证责任。提供格式条款的一方当事人违反关于提示和说明义务的规定，导致对方没有注意免除或者限制其责任的条款，对方当事人有权申请撤销该格式条款或主张该格式条款无效。

最后，对格式条款的理解发生争议的，应当按照通常理解予以解释。对格式条款有两种以上解释的，应当作出不利于提供格式条款一方的解释。非格式条款一般是在格式条款外另行商定的条款，或对原来的格式条款重新协商修改的条款，是当事人特别约定的，如果与格式条款不一致，应当采用非格式条款。

※**生活实例**※**彩票中奖后逾期未兑奖，诉求确认兑奖期限无效被驳**①

2007年7月29日，汪某在北京市体彩中心下设的某投注站购买全国联网体育彩票第07087期"七星彩"4注。该彩票注明："本彩票以当期开奖次日起计28天为兑奖期，逾期不再予以兑奖。"当天，该期彩票开奖。在获悉自己中特等奖的消息后，汪某于2007年9月18日至北京市体彩中心兑付奖金，体彩中心以兑奖期限超过28天为由拒绝。

后汪某向法院提交诉状，要求法院确认体彩中心作出的28天兑奖期限规定无效。理由是：28天兑奖期限的规定于法无据，既不公平，也不合理，格式条款应当属于无效条款；另外汪某还认为，28天兑奖期限的规定没有以适当的方式通知彩民，对彩民没有约束力。北京市体彩中心辩称，体彩中心并非规则的制定部门，而是执行部门，请求法院驳回汪某的起诉。

法院审理认为，根据合同法相关规定，提供格式条款一方免除其责任、加重对方责任、排除对方主要权利的条款无效。但"本彩票以当期开奖次日起计28天为兑奖期，逾期不再予以兑奖"这一条款的内容，不属于合同法规定的无效情形。28天兑奖期限的条款免除的只是被告在彩民逾期兑奖情形下的兑奖责任，换言之，根据该合同条款，中奖人即应当及时行使权利，否则就要承担中奖

---

① 王文波：《500万彩票案一审宣判 彩民汪亮解诉求被驳》，载北京法院网，http://bjgy.chinacourt.org/public/detail.php? id=71840。

彩票不能兑付的风险。汪某认为 28 天的兑奖期限太短的诉讼理由不充分，法院对此不予支持。关于原告提出的 28 天兑奖期限的规定没有以适当的方式通知彩民，对彩民没有约束力的诉讼理由，法院认为，"本彩票以当期开奖次日起计 28 天为兑奖期，逾期不再予以兑奖"这一条款已经明确印制在彩票上，且汪某购买彩票长达 7 年之久，原告理应知晓其中的规则。据此，法院判决驳回了原告的诉讼请求。

　　◈**分析解答**◈本案的焦点是 28 天兑奖期限的格式条款是否有效。判断格式条款是否有效的，首先要考虑其是否公平合理。设置兑奖期限对于彩票业来说是必须的，上一期彩票兑现完毕后才能确定下一期彩池的总量和各等级奖项的金额，如果不能确定的话，这一行业将面临崩溃。因此，这一格式条款有其相应的公平合理性。另外，体彩中心是否采取合理的方式提请彩民注意了这一条款，并按照对方提出的要求，对该类条款予以说明，也是决定这一条款是否有效的重要因素，本案中法院的判决是合理的。

## 19. 合同中的哪些免责条款无效？

　　合同中的免责条款就是指合同中的双方当事人在合同中约定的，为免除或者限制一方或者双方当事人未来责任的条款。免责条款可以部分免责（限制），也可以是全部免责（排除）。一般来说，当事人经过充分协商确定的免责条款，只要是完全建立在当事人自愿的基础上，免责条款又不违反社会公共利益，法律是承认免责条款的效力。但是对于严重违反诚实信用原则和社会公共利益的免责条款，法律是禁止的，否则不但将造成免责条款的滥用，而且还会严重损害一方当事人的利益，也不利于保护正常的合同交易。在现代社会格式合同流行的情况下，免责条款大量出现，对于格式合同中不合理、不公正的免责条款，出于保护弱者的考虑，法律一般都确认该条款无效。《消费者权益保护法》明确规定，经营者不得以格式合同等方式排除或者限制消费者的权利。根据《合同法》的相关规定，以下几种免责条款无效：

（1）造成对方人身伤害的条款无效。对于人身的健康和生命安全，法律是给予特殊保护的，并且从整体社会利益的角度来考虑，如果允许免除一方当事人对另一方当事人人身伤害的责任，那么就无异于纵容当事人利用合同形式对另一方当事人的生命进行摧残，这与保护公民的人身权利的宪法原则是相违背的。所以法律对于这类免责条款加以禁止。

（2）因故意或者重大过失给对方造成财产损失的免责条款。这种条款严重违反了诚实信用原则，如果允许这类条款的存在，就意味着允许一方当事人可能利用这种条款欺骗对方当事人，损害对方当事人的合同权益，这是与合同法的立法目的完全相违背的。对于本项规定需要注意的有两点：第一，对于免除一方当事人因一般过失而给对方当事人造成财产损失责任的条款，可以认定为有效。第二，对于故意或者重大过失行为必须限于财产损失，如果是免除人身伤害的条款不管是当事人是否有故意或者重大过失，只要是免除对人身伤害责任的条款依据本条第一项的规定都应当使之无效。

（3）提供格式条款的一方当事人免除其责任、加重对方责任、排除对方当事人的主要权利，则该格式条款无效。

**❂生活实例❂雪天载客出事故，说好免责也无效①**

程某家住城郊，工作却在城区。一天晚上，天空飘起了雪花，偏偏公司又要加班。等他赶到车站时，早已没了公交车。由于天气寒冷，路上出租车也非常少。他等了半天，才拦下了一辆收工的出租车，司机李某是回城郊的。李某并不想拉程某，他说："哥们儿，不是我不帮忙，你也看到了，这路太滑了，不好走，出点事咱们谁都说不清楚。我都下班了，你还是找别的车吧。"程某说：

---

① 于颖颖：《雪天载客出事故　说好免责也无效》，载北京法院网，http：//bjgy. chinacourt. org/public/detail. php？id＝42075。

"时间太晚了，这半天就你一辆去郊区的出租车。我多给你点车钱，你就帮个忙。要是路滑出了事，不用大哥您负责不就得了吗？"最后，双方以五十元的车费成交。途中，由于前面有辆货车太慢，李某一打方向盘准备超车，不料打得过猛，再加上路滑，车子失控，重重地撞到了路边的护栏上，李某和程某都撞得头破血流，两人各自为此花去了不少的医疗费。于是，程某找到了李某，要求他赔偿医药费等费用损失7827元，被李某一口回绝。李某说，当时大家说好了，出了事一概不负责。于是，程某将李某告到了法院，要求李某赔偿医疗费等费用7827元。

法院经审理认为，李某和程某之间形成了实质的运输合同关系，作为承运人李某，负有将乘客程某安全运送到约定地点的义务。因李某的过错，致使程某受伤，李某应当对运输过程中程某的伤害承担损害赔偿责任。双方之间口头约定的免责内容，违反了法律的强制性规定，应为无效。故对李某有关自己应当免责的答辩，法院不予采信。最后，法院判决李某赔偿程某医药费等损失7827元。

❖**分析解答**❖《合同法》第53条规定，"合同中的下列免责条款无效：（一）造成对方人身伤害的；（二）因故意或者重大过失造成对方财产损失的。"本案中李某和程某之间的约定免除了司机过失造成乘车人人身伤害时的违约责任，是无效的。

## ❓ 20. 什么是缔约过失责任？

缔约过失责任指因当事人在订立合同过程中，因违背诚实信用原则而给对方造成损失的赔偿责任。

当事人在订立合同的过程中，应当遵循诚实信用原则。根据《合同法》第42条的规定，有下列情况之一，给对方当事人造成损失的，应当承担损害赔偿责任：

（1）假借订立合同，恶意进行磋商。假借就是根本没有与对方订立合同的目的，与对方进行谈判只是个借口，目的是损害对方或者第三人的利益，恶意地与对方进行合同谈判。

（2）在订立合同中隐瞒重要事实或者提供虚假情况。

（3）其他违背诚实信用原则的行为。

负有缔约过失责任的当事人，应当赔偿受损害的当事人。赔偿应当以受损害的当事人的损失为限。这个损失包括直接利益的减少，如谈判中发生的费用，还应当包括受损害的当事人因此失去的与第三人订立合同的机会的损失。

## 21. 什么是保密义务？

当事人在订立合同过程中知悉的商业秘密，无论合同是否成立，不得泄露或者不正当地使用。泄露或者不正当地使用该商业秘密给对方造成损失的，应当承担损害赔偿责任。

商业秘密是指不为公众所知悉、能为权利人带来经济利益、具有实用性并经权利人采取保密措施的技术信息和经营信息。比如客户名单，能为交易带来极大的便利条件，对其经营活动具有重要意义。商业秘密受法律保护，任何人不得采用非法手段获取、泄露、使用他人的商业秘密，否则要承担法律责任。在订立合同的过程中，为达成协议，有时告诉对方当事人商业秘密是必须的，但一般也提请对方不得泄露、使用。在这种情况下，对方当事人有义务不予泄露，也不能使用。如果违反规定，则应当承担由此给对方造成损害的赔偿责任。在有的情况下，虽然一方当事人没有明确告知对方当事人有关的信息是商业秘密，基于此种信息的特殊性质，按照一般的常识，对方当事人也不应当泄露或者不正当地使用，否则有悖于诚实信用原则，也应当承担赔偿责任。无论合同是否达成，当事人均不得泄露或者不正当使用所知悉的商业秘密。违反法律规定泄露或者不正当地使用商业秘密的，不仅仅限于承担民事赔偿责任，还有可能承担行政责任甚至刑事责任。

**？ 22. 合同什么时候产生效力？**

合同的效力是指已经成立的合同在当事人之间产生的一定的法律拘束力，也就是通常说的合同的法律效力。

合同生效是指合同产生法律约束力。合同生效后，其效力主要体现在以下几个方面：（1）在当事人之间产生法律效力。一旦合同成立生效后，当事人应当依合同的规定，享受权利，承担义务。当事人依法受合同的拘束，是合同的对内效力。当事人必须遵循合同的规定，依诚实信用的原则正确、完全地行使权利和履行义务，不得滥用权利，违反义务。在客观情况发生变化时，当事人必须依照法律或者取得对方的同意，才能变更或解除合同。（2）合同生效后产生的法律效果还表现在对当事人以外的第三人产生一定的法律拘束力。合同的这一效力表现，称为合同的对外效力。合同一旦生效后，任何单位或个人都不得侵犯当事人的合同权利，不得非法阻挠当事人履行义务。（3）合同生效后的法律效果还表现在当事人违反合同的，将依法承担民事责任。

合同的生效，原则上是与合同的成立一致的，合同一经成立就产生效力。如果双方当事人对合同的生效没有特别约定，那么双方当事人就合同的主要内容达成一致时，合同就成立并且生效。最高人民法院《关于适用〈中华人民共和国合同法〉若干问题的解释（一）》规定，法律、行政法规规定应当办理批准、登记等手续生效的，自批准、登记时生效。法律、行政法规规定合同应当办理批准手续，或者办理批准、登记等手续才生效，在一审法庭辩论终结前当事人仍未办理批准手续的，或者仍未办理批准、登记等手续的，人民法院应当认定该合同未生效；法律、行政法规规定合同应当办理登记手续，但未规定登记后生效的，当事人未办理登记手续不影响合同的效力，合同标的物所有权及其他物权不能转移。

## ? 23. 什么是附条件的合同?

　　附条件的合同，是指合同的双方当事人在合同中约定某种事实状态，并以其将来发生或者不发生作为合同生效或者不生效的限制条件的合同。所附条件是指合同当事人自己约定的、未来有可能发生的、用来限定合同效力的某种合法事实。

　　附条件合同中所附的条件有以下特点：（1）所附条件是由双方当事人约定的，并且作为合同的一个条款列入合同中。（2）条件是将来可能发生的事实。过去的、现存的事实或者将来必定发生的事实或者必定不能发生的事实不能作为所附条件。（3）所附条件必须是合法的事实。违法的事实不能作为条件。

　　所附条件可分为生效条件和解除条件。生效条件是指使合同的效力发生或者不发生的条件。在此条件出现之前，也即本条所说的条件成就之前，合同的效力处于不确定状态，当此条件出现后，即条件成就后，合同生效；当条件没有出现（或成就），合同也就不生效。例如甲与乙签订买卖合同，甲同意把房子卖给乙，但是条件是要在甲调到外地工作过后。这个条件一旦出现后，则卖房的合同即生效。解除条件又称消灭条件，是指对具有效力的合同，当合同约定的条件出现（即成就）时，合同的效力归于消灭；若确定该条件不出现（不成就），则该合同仍确保其效力。附条件合同在所附条件出现时分为两种情况：附生效条件的合同中，生效条件的出现使该合同产生法律效力；附解除条件的合同中，解除条件的出现使该合同失去法律效力。

　　由于附条件的合同的生效或者终止的效力取决于所附条件的成就或者不成就（即出现或不出现），并且所附条件事先是不确定的，因此，任何一方均不得以违反诚实信用原则的方法恶意地促成条件的成就或者阻止条件的成就（出现）。当事人为自己的利益不正当地阻止条件成就的，视为条件已成就；不正当地促成条件成就的，视为条件不成就。

## 24. 什么是附期限的合同?

附期限的合同，是指附有将来确定到来的期限作为合同的条款，并在该期限到来时合同的效力发生或者终止的合同。所附的期限就是双方当事人约定的将来确定到来的某个时间。附期限合同中的附期限可分为生效期限和终止期限。生效期限又可称为始期，是指以其到来使合同发生效力的期限。该期限的作用是延缓合同效力的发生，其作用与附条件合同中的生效条件相当。合同在该期限到来之前，其效力处于停止状态，待期限到来时，合同的效力才发生。终止期限是指以其到来使合同效力消灭的期限。附终止期限合同中的终止期限与附条件合同中的附解除条件的作用相当，故其又称为解除期限。本条规定，附生效期限的合同，自期限届至时生效。附终止期限的合同，自期限届满时失效。

## 25. 无权代理人签订的合同是否有效?

因无权代理而签订的合同有以下三种情形：（1）根本没有代理权而签订的合同，指签订合同的人根本没有经过被代理人的授权，就以被代理人的名义签订的合同。（2）超越代理权而签订的合同，指代理人与被代理人之间有代理关系存在，但是代理人超越了被代理人的授权范围与他人签订了合同。（3）代理关系终止后签订的合同。这是指行为人与被代理人之间原有代理关系，但是由于代理期限届满、代理事务完成或者被代理人取消委托关系等原因，被代理人与代理人之间的代理关系已不复存在，但原代理人仍以被代理人的名义与他人签订的合同。

无权代理人以被代理人名义与他人签订的合同是一种效力待定的合同，未经被代理人追认，对被代理人不发生效力。追认是指被代理人对无权代理行为事后予以承认的一种单方意思表示。被代理人的追认应当以明示的意思表示向相对人作出，如果仅向无代理权人作出意思表示，也必须使相对人知道后才能产生法律效果。一旦被代理人作出追认，因无权代理所订立的合同就从成立时起产生法律效力。无权代理人以被代理人的名义订立合同，被代理人已经开始履行合同义务的，视为对合同的追认。

追认权是被代理人的一项权利，被代理人既有权作出追认，也可以拒绝追认，如果被代理人明确地表示拒绝追认，那么因无权代理而签订的合同就不能对被代理人产生法律效力，因此而产生的责任就应该由行为人自己承担。比如，行为人以借款人的名义出具借据代其借款，借款人不承认，行为人又不能证明的，由行为人承担民事责任。

合同的相对人享有催告权和撤销权。所谓催告权，是指合同的相对人催促被代理人在一定期限内明确答复是否承认无权代理合同。催告权的行使一般具有以下要件：（1）要求被代理人在一个月的期限内作出答复；（2）催告应当以明示的方式作出。（3）催告的意思必须是向被代理人作出。如果被代理人在催告后一个月内未作表示的，则视为拒绝追认。因无权代理而订立的合同在本人追认之前，处于效力待定状态。为了保护合同相对人的利益，合同的相对人还享有撤销权。撤销权，是指相对人在被代理人未追认合同之前，可撤回其对无权代理人所作的意思表示。被代理人撤销权的行使必须满足以下条件：（1）必须在被代理人作出追认之前作出，如果被代理人已经对合同作出追认了，那么合同产生了效力，合同相对人就不能撤销其意思表示了。（2）相对人在无权代理人签订合同时必须是善意的，即相对人在订立时，并不知道对方是无权代理人。如果明知对方是无权代理人而仍与对方签订合同，那么相对人就无权撤销其意思表示。（3）撤销应当以通知的方式作出。

## ❓ 26. 什么是表见代理？

　　表见代理，是指行为人没有代理权、超越代理权或者代理权终止后签订了合同，如果相对人有理由相信其有代理权，那么相对人就可以向本人主张该合同的效力，要求本人承担合同中所规定的义务，受合同的约束，也即此种情况下的合同不必经过本人的追认就当然具有效力。

　　构成表见代理合同要满足以下条件：（1）行为人并没有获得本人的授权就与第三人签订了合同。本条规定了没有代理权、超越代理权或者代理权终止这三种情形。（2）合同的相对人在主观上必须是善意的、无过失的。所谓善意，是指相对人不知道或者不应当知道行为人实际上无权代理；所谓无过失，是指相对人的这种不知道不是因为其大意造成的。如果相对人明知或者理应知道行为人是没有代理权、超越代理权或者代理权已终止，而仍与行为人签订合同，那么就不构成表见代理，合同相对人也就不能受到保护。

　　法人或者其他组织的法定代表人、负责人超越权限订立的担保合同，除相对人知道或者应当知道其超越权限的以外，该代表行为有效。

　　被代理人承担有效代理行为所产生的责任后，可以向无权代理人追偿因代理行为而遭受的损失。

　　◈生活实例◈法定代表人未签章，合同无效

　　小李单位与某公司签订买卖合同，合同上加盖了其单位的公章，但对方未盖公章，只有法定代表人的签名。请问，该合同是否有效？

　　◈分析解答◈法定代表人是代表法人行使职权的负责人，法定代表人以法人名义对外作出的行为应由法人承担责任，盖具公章并非合同有效的必备条件。《合同法》第50条规定："法人或者其他组织的法定代表人、负责人超越权限订立的合同，除相对人知道或者应当知道其超越权限的以外，该代表行为有效。"所以，除非在小李单位明知对方的法定代表人超越权限而仍与其签订合同的情况下，否则，只有法定代表人签名而没有盖章的合同对该法定代表人的单位没有约束力。

## ❓ 27. 擅自处分他人财产的行为在何种情况下有效？

无处分权的人处分他人财产，经权利人追认或者无处分权的人订立合同后取得处分权的，该合同有效。无处分权人，就是对归属于他人的财产没有权利进行处置的权利或者虽对财产拥有所有权，但由于在该财产上负有义务而对此不能进行自由处分的人。这里所说的处分，是指法律意义上的处分，例如财产的转让、财产的赠与、在财产上设定抵押权等行为。财产只能由有处分权的人进行处分，无处分权人对他人财产进行处分是对他人的财产的侵害。即使是对共有财产享有共有权的共有人，也只能依法处分其应有的部分，不能擅自处分共有财产。因为共有财产属于全体共有人所有，某个共有人未经其他共有人同意擅自处分共有财产，就构成无权处分行为。

无处分权人处分他人财产而签订的合同必须经过权利人的事后追认或者在合同订立后取得对财产的处分权，该合同才有效。这里的权利人，是指对财产享有处分权的人。追认是指权利人事后同意该处分财产行为的意思表示。这种追认可以直接向买受人作出，也可以向处分人作出；可以用口头形式作出，也可以用书面形式作出。不管用何种形式，追认都必须用明显的方式作出，沉默和不作为都不视为追认。在权利人追认前，因无权处分而订立的合同处于效力待定状态，在得到追认以前，买受人可以撤销该合同；在追认以后，则合同将从订立合同时起就产生法律效力，任何一方当事人都可以请求对方履行合同义务。如果处分人在合同订立后取得了财产权利或者取得了对财产的处分权，就可以消除无权处分的状态，从而使合同产生效力。

## 28. 哪些合同是无效合同?

无效合同就是不具有法律约束力和不发生履行效力的合同。无效合同从合同订立时起,就没有法律约束力,以后也不会转化为有效合同。由于无效合同从本质上违反了法律规定,因此,国家不承认此类合同的效力。对于已经履行的,应当通过返还财产、赔偿损失等方式使当事人的财产恢复到合同订立前的状态。

根据《合同法》第 52 条的规定,有下列情形之一的合同无效:

(1) 一方以欺诈、胁迫的手段订立合同,损害国家利益的

欺诈是故意隐瞒真实情况或者故意告知对方虚假的情况,欺骗对方,诱使对方作出错误的意思表示而与之订立合同。欺诈具有以下构成要件:①欺诈一方当事人有欺诈的故意。即欺诈方明知告知对方的情况是虚假的,并且会使对方当事人陷于错误而仍为之。欺诈的故意既包括欺诈人有使自己因此获得利益的目的,也包括使第三人因此获得利益而使对方当事人受到损失。②要有欺诈另一方的行为。所谓欺诈行为,是指欺诈方将其欺诈故意表示于外部的行为,欺诈行为既可是积极的行为,也可是消极的行为。欺诈行为在实践中可分故意陈述虚假事实的欺诈和故意隐瞒真实情况使他人陷入错误的欺诈。故意告知虚假情况就是虚假陈述,如将劣质品说成优等品;故意隐瞒真实情况是指行为人负有义务向他方如实告知某种真实情况而故意不告知的。③受欺诈方签订合同是由于受欺诈的结果。只有当欺诈行为使他人陷于错误,而他人由于此错误在违背其真实意愿的情况下而与之签订了合同,才能构成受欺诈的合同。

所谓胁迫,是指行为人以将要发生的损害或者以直接实施损害相威胁,使对方当事人产生恐惧而与之订立合同。因胁迫而订立的合同包括两种情况:一种情况是以将要发生的损害相威胁,而使他

人产生恐惧。将要发生的损害可以是涉及生命、身体、财产、名誉、自由、健康等方面的，这种损害必须是相当严重的，足以使被胁迫者感到恐惧。如果一方所进行的将要造成的损害的威胁是根本不存在的、没有任何根据的，或者受胁迫方根本不会相信的，不构成胁迫。另一种情况是行为人实施不法行为，直接给对方当事人造成人为的损害和财产的损害，而迫使对方签订合同。这种直接损害可以是对肉体的直接损害，如殴打对方；也可以是对精神的直接损害，如散布谣言，诽谤对方。因胁迫而订立的合同要具有如下构成要件：①胁迫人具有胁迫的故意。即胁迫人明知自己的行为将会对受胁迫方从心理上造成恐惧而故意为之的心理状态，并且胁迫人希望通过胁迫行为使受胁迫者作出的意思表示与胁迫者的意愿一致。②胁迫者必须实施了胁迫行为。如胁迫者必须要有以将要有的损害行为或者直接对对方施加损害相威胁的行为。如果没有胁迫行为，只具有主观上的故意，不构成胁迫行为。胁迫在合同中常常表现为强制对方订立合同而实施的，也可以是在合同订立后，以胁迫手段迫使对方变更或者解除合同。③胁迫行为必须是非法的。胁迫人的胁迫行为是给对方施加一种强制和威胁，但这种威胁必须是没有法律依据的。如果一方有合法的理由对另一方施加压力，则就不构成合同中的威胁。如一方向另一方提出如对方若不按时履行合同，就要提起诉讼，则因为提起诉讼是合法手段，不构成胁迫。④必须要有受胁迫者因胁迫行为而违背自己的真实意思与胁迫者订立的合同。如果受胁迫者虽受到了对方的威胁但不为之所动，没有与对方订立合同或者订立合同不是由于对方的胁迫，则也不构成胁迫。

（2）恶意串通，损害国家、集体或者第三人利益的合同

所谓恶意串通的合同，就是合同的双方当事人非法勾结，为牟取私利，而共同订立的损害国家、集体或者第三人利益的合同。

（3）以合法形式掩盖非法目的而订立的合同

此类合同中，行为人为达到非法目的以迂回的方法避开了法律或者行政法规的强制性规定，所以又称为伪装合同。例如，当事人通过虚假的买卖行为达到隐匿财产、逃避债务的目的就是一种比较

典型的以合法形式掩盖非法目的的合同。

（4）损害社会公共利益的合同

损害社会公共利益的合同实质上是违反了社会主义的公共道德，破坏了社会经济秩序和生活秩序。

（5）违反法律、行政法规的强制性规定的合同

在法律、行政法规中包含着强制性规定和任意性规定。法律、行政法规的强制性规定是指法律、行政法规中的规定人们不得为某些行为或者必须为某些行为，如法律规定当事人订立的合同必须经过有关部门的审批等都属于强制性规定；而法律、行政法规的禁止性规定只是指规定人们不得为某些行为的规定。强制性规定排除了合同当事人的意思自由，即当事人在合同中不得合意排除法律、行政法规强制性规定的适用。只有违反了这些法律、行政法规的强制性规定的合同才无效。任意性规定，当事人可以约定排除，如当事人可以约定合同的履行地点。应当特别注意的是影响合同效力的规定只限于法律和行政法规，即指全国人大及其常委会颁布的法律。行政法规是指由国务院颁布的法规，而不包括地方性法规、行政规章等，不能以地方性法规、行政规章为依据来确认合同的效力。

❖**生活实例**❖**影响投标结果的协议无效，求报酬无依据诉请被驳**①

2004年8月26日，原告王某与某建筑公司签订了一份协议，约定由王某帮助该公司承接朝建公司在某区投资开发的迎宾花园建设工程总承包项目，在建筑公司与开发商签订工程合同后一周内，其向王某支付开发业务费30万元。协议签订后，王某按照协议履行了自己的义务，使某建筑公司与开发商签订了建设工程施工合同，但是建筑公司未按照协议约定支付相应费用。王某遂诉至法院，要求建筑公司给付业务开发费30万元。

建筑公司反诉称，朝建公司在某区投资开发的迎宾花园建设项

---

① 杨永红：《影响投标结果的协议无效　求报酬无依据诉请被驳》，载北京法院网，http：//bjgy. chinacourt. org/public/detail. php？id＝54820。

目属于大型基础设施建设项目，依法必须通过招投标的形式来确定建筑施工单位，王某与该公司签订的协议约定帮助该公司承接该建设项目，违反了《招标投标法》的禁止性规定。同时王某也不具备招投标代理机构资格，无权代理该公司进行投标活动。综上，王某与该公司签订的合同因内容违法、主体不合格，应属无效合同。故请求法院依法确认王某与该公司签订的合同无效。

法院认为，建筑公司与王某签订的协议应为居间合同。王某与建筑公司签订的居间合同的目的是利用王某的个人关系，通过其活动，在招标人开发商与投标人建筑公司之间建立关系，为建筑公司在投标中获取优势，从而达到签订建设工程承包合同的目的。迎宾花园建设工程为商品住宅建设工程项目，属于关系社会公共利益、公共安全的公用事业项目，必须进行招标。根据《招标投标法》的规定，招投标活动遵循公开、公正、公平和诚实信用原则，任何单位和个人不得非法干预、影响投标结果，因此，该合同违反了《招标投标法》的禁止性规定，为无效合同，王某要求建筑公司给付业务开发费30万元因无法律依据被驳回。

❖**分析解答**❖ "保证中标"的做法在建筑行业普遍存在，几乎已经成为"行规"，但是"保证中标"属于以合法形式掩盖非法目的的无效合同。本案中，双方订立的协议是双方当事人的真实意思表示，在形式上符合法律要求的合同成立要件及生效要件，貌似合法有效的合同。但是，这份居间合同中，隐藏着当事人的非法目的。双方订立该合作合同的目的是利用王某与开发商之间的某种关系，使自己中标。建筑公司希望利用王某与开发商的利害关系去影响竞标。这种做法构成了不正当竞争，会给其他潜在投标人的合法权益造成一定的损害，并在一定程度上扰乱了建筑行业的秩序，与《招标投标法》第5条规定的在招标投标活动中应当遵循的基本原则相违背，具有违法性。当事人实际上是在用一个披着合法外衣的合同伪装其规避法律惩罚的真正目的，是一种规避法律的行为，应当受到法律的否定性评价。

## 29. 什么是可撤销的合同?

可撤销合同,就是因意思表示不真实,通过有撤销权的当事人行使撤销权,使已经生效的意思表示归于无效的合同。可撤销的合同在未被撤销前,是有效的合同。可撤销合同的撤销要由撤销权人通过行使撤销权来实现。

《合同法》第54条规定了可撤销合同的三种情形:

(1) 因重大误解而订立的合同。重大误解一般包括以下几种情况:①对合同的性质发生误解。在此种情况下,当事人的权利义务将发生重大变化。如当事人误以为出租为出卖,这与当事人在订约时所追求的目的完全相反。②对对方当事人发生误解。③对标的物的种类发生误解。④对标的物的质量的误解直接涉及当事人订约的目的或者重大利益的。除此之外,对标的物的数量、履行地点或者履行期限、履行方式发生误解,足以对当事人的利益造成重大损害的,也可认定为重大误解的合同。

(2) 在订立合同时显失公平的。显失公平的合同就是一方当事人在紧迫或者缺乏经验的情况下订立的使当事人之间享有的权利和承担的义务严重不对等的合同。标的物的价值和价款过于悬殊或承担责任、风险承担显然不合理的合同,都可称为显失公平的合同。

(3) 一方以欺诈、胁迫的手段或者乘人之危,使对方在违背对方真实意思的情况下订立的合同。对因欺诈、胁迫订立的合同,如果未损害国家利益,受欺诈、胁迫的一方可以自主决定该合同有效或者撤销。适用可撤销合同制度,已经能够充分保护受损害方的利益,也能适应订立合同时各种复杂的情况。

在可撤销合同中,具有撤销权的当事人有权撤销合同,但是当事人的这种撤销权并非没有任何限制,撤销权人必须在规定的期间内行使撤销权。《合同法》规定的撤销权人行使撤销权的期限为从当事人知道或者应当知道撤销事由之日起 1 年，也就是说在这 1 年期限内，具有撤销权的当事人必须行使其撤销权，否则，该当事人就失去了撤销合同的权利，那么当事人就必须接受合同的约束，履行合同规定的义务。

在可撤销合同中，因重大误解而订立的合同、订立合同时显失公平的，当事人一方有权请求撤销合同，主要是误解方或者受害方有权请求撤销合同；一方以欺诈、胁迫手段或者乘人之危而订立的合同中，则只有受损害方当事人才有权请求撤销合同。撤销权是具有撤销权的当事人的一种权利，有撤销权的当事人可以行使撤销权，也可以放弃撤销权。而且，具有撤销权的一方当事人并非一定要求撤销合同，他也可以要求对合同进行变更。具有撤销权的当事人知道撤销事由后明确表示或者以自己的行为放弃撤销权的，撤销权消灭。

合同具有可撤销的事由，双方不能就撤销合同协商一致的，撤销权人有权向人民法院或者仲裁机构申请变更或者撤销。

**◈生活实例◈被胁迫出具欠条，判借贷关系无效**[①]

被告张女士的妹妹小张原系原告王先生的儿子小王之妻。原告王先生诉称，小王与小张在婚姻关系存续期间欠其伙食费、医药费等共计 7500 余元。二人离婚后，张女士主动承担担保责任偿还该欠款，同时为其出具了欠款为 3500 元的欠据。事后，张女士仅偿还 500 元，故要求张女士偿还余款 3000 元。

被告张女士辩称，在欠条上按手印是违背自己真实意思表示作出的行为。在陪妹妹小张到原告家中办户口时，原告要求偿还欠款遭拒后，阻拦她们离开，并威胁说不还钱不许走人。为尽快离开可能发生争执的现场，张女士无奈在王先生写好的欠条上按下手印，事后在原告的催促下给付了 500 元。经咨询得知，原告的行为系敲诈，张女士可以用法律手段保护自己，故不同意原告的诉讼请求。

---

① 孙海营：《被胁迫出具欠条　判借贷关系无效》，载北京法院网，http://bjgy.chinacourt.org/public/detail.php?id=46139。

　　原告王先生在庭审过程中，承认自己曾阻止张女士与小张离开其家，但否认威胁过二人。

　　法院经审理认为，原告王先生并未实际借款给被告张女士，双方之间不存在真实债权债务关系，张女士出具欠条的行为系违背其真实意思表示的无效民事行为。现王先生要求张女士偿还该笔余款，没有事实和法律依据，法院不予支持，遂判决驳回了原告王先生的诉讼请求。

　　◎分析解答◎对因欺诈、胁迫订立的合同，《民法通则》和《合同法》的规定稍有差异。《民法通则》第58条规定，一方以欺诈、胁迫的手段或者乘人之危，使对方在违背真实意思的情况下所为的民事行为无效。《合同法》第52条规定，一方以欺诈、胁迫的手段订立合同，损害国家利益的，合同无效。《合同法》第54条规定，一方以欺诈、胁迫的手段或者乘人之危，使对方在违背真实意思的情况下订立的合同，受损害方有权请求人民法院或者仲裁机构变更或者撤销。因此，如果未损害国家利益，受欺诈、胁迫的一方可以自主决定该合同有效或者撤销。适用可撤销合同制度，已经能够充分保护受损害方的利益，也能适应订立合同时各种复杂的情况。根据特别法优于一般法的原则，本案应适用《合同法》而不宜适用《民法通则》，张女士可以行使撤销权而使欠条无效。因此我们认为本案的判决结果正确但适用法律不当。

## ❓ 30. 合同无效或被撤销后的法律后果是什么？

　　根据《合同法》的规定，无效的合同或者被撤销的合同自始没有法律约束力。合同无效或者被撤销后，因该合同取得的财产，应当予以返还；不能返还或者没有必要返还的，应当折价补偿。有过错的一方应当赔偿对方因此所受到的损失，双方都有过错的，应当各自承担相应的责任。当事人恶意串通，损害国家、集体或者第三人利益的，因此取得的财产收归国家所有或者返还集体、第三人。

在无效合同或者被撤销的合同中，返还财产可分为两种情况：（1）单方返还财产。这种情况主要适用于在当事人一方故意违法的情况，即一方故意违法订立合同的行为，其应当将从非故意方取得的财产返还给对方，而非故意的一方已从故意方取得的财产应当上缴国家。除此之外，单方返还还包括以下情况，即合同的一方履行了合同，另一方还没有履行，则在合同被确认无效或者被撤销后，只存在单方返还的情形。（2）双方返还财产。这种情况主要是在合同被撤销的情况下，双方当事人对合同被撤销只是由于一方或者双方有过错，而并非合同违法，此时双方均应返还从对方所获得的财产。另外，在合同被确认无效或者被撤销后，一般都会产生损害赔偿的责任。在合同被确认无效或者被撤销后，凡是因合同的无效或者被撤销而给对方当事人造成的损失，主观上有故意或者过失的当事人都应当赔偿对方的财产损失。

合同部分无效，不影响其他部分效力的，其他部分仍然有效。合同无效、被撤销或者终止的，不影响合同中独立存在的有关解决争议方法的条款的效力。

**❋生活实例❋ 商家卖出商品存在欺诈，消费者可以主张双倍赔偿①**

2009 年 5 月 17 日，原告从被告处购买了长虹牌 LT32876 彩电一台。购买时，原告的工作人员极力推荐该彩电采用"LG 产硬屏幕"，性能远高于其他品牌的"软屏幕"；且当时原告店内的样品也是"硬屏幕"。原告在比较了软硬屏幕优劣后，购买了具有"硬屏幕"的该品牌彩电。但 2009 年 5 月 19 日，被告送至原告处的长虹牌 LT32876 彩电却采用了"软屏幕"，而非之前宣传的"硬屏幕"，且该彩电画质低劣，清晰度极低。原告认为被告的上述行为属于欺诈行为，故依据《消费者权益保护法》的相关规定起诉至

---

① 崔宇航：《彩电与样品不符　"硬屏幕"换成"软屏幕"》，载北京法院网，http：//bjgy．chinacourt．org/public/detail．php？id＝78712。

法院，要求法院判令撤销双方买卖合同，原告将电视退还被告，被告返还原告购物款 3100 元；被告赔偿原告 3100 元；被告退还电视延长保修费用 140 元，并由被告承担本案诉讼费用。

❀**分析解答**❀《消费者权益保护法》第 49 条规定："经营者提供商品或者服务有欺诈行为的，应当按照消费者的要求增加赔偿其受到的损失，增加赔偿的金额为消费者购买商品的价款或者接受服务的费用的一倍。"《合同法》第 113 条第 2 款规定，经营者对消费者提供商品或者服务有欺诈行为的，依照《消费者权益保护法》的规定承担损害赔偿责任。这就是说，受欺诈的一方当事人不仅有要求撤销合同的权利，还有权要求销售者双倍赔偿。

## ❓ 31. 合同的履行应当遵循什么原则？

在合同履行中，诚实信用是合同履行的基本原则。合同的当事人应当依照诚信原则行使债权，履行债务。合同的约定符合诚信原则的，当事人应当严格履行合同，不得擅自变更或者解除。

根据诚信履行原则，当事人除应当按照合同约定履行自己的义务外，也要履行合同未作约定但依照诚信原则也应当履行的协助、告知、保密、防止损失扩大等义务。

不仅在合同的履行阶段，而且在合同的权利义务终止后，当事人也应当遵循诚实信用原则，根据交易习惯履行通知、协助、保密等义务。

（1）通知的义务。合同履行过程中和合同的权利义务终止后，一方当事人应当将有关情况及时通知另一方当事人。

（2）协助的义务。合同履行过程中和合同终止后，当事人应当协助对方处理与原合同有关的事务。

（3）保密的义务。商业秘密，指不为公众所知悉，能为权利人带来经济利益，具有实用性，并经权利人采取保密措施的技术信息和经营信息。商业秘密一旦进入公共领域，就会失去其商业价值，损害合同当事人的经济利益和竞争优势。因此，合同履行过程中和合同终止后，当事人负有保守商业秘密的义务。泄露了商业秘密要承担民事责任。除了商业秘密，当事人在合同中约定保密的特定事项，合同的权利义务终止后，当事人也不得泄露。

## 32. 当事人在合同的履行过程中有哪些抗辩权？

《合同法》规定了合同一方当事人在合同履行的过程中有三种抗辩权：

（1）同时履行抗辩权

同时履行抗辩权，是指在双务合同中应当同时履行的一方当事人有证据证明另一方当事人在同时履行的时间不能履行或者不能适当履行，到履行期时其享有不履行或者部分履行的权利。

同时履行抗辩权的发生，需具备以下条件：

一是需基于同一双务合同，不同的合同之间不发生同时履行抗辩权。

二是该合同需由双方当事人同时履行。同时履行指双方当事人在同一时间同时相互对待给付。双务合同的当事人之间可以直接约定双方同时履行合同，或者不能确立谁先履行合同，双方当事人可以同时履行。同时履行的情形是不多的。

三是一方当事人有证据证明同时履行的对方当事人不能履行合同或者不能适当履行合同。

具备上述条件，发生同时履行抗辩权，即已到履行期的一方当事人享有不履行或者部分履行的权利。

同时履行抗辩权可适用于以下情形：①一方当事人有证据证明对方当事人在同时履行的时间不能履行义务，到同时履行的时间该当事人享有不履行合同的权利。②一方当事人有证据证明对方当事人在同时履行的时间只能部分履行，该当事人有权就其不能履行部分拒绝给付，只为相应给付。

（2）后履行抗辩权

后履行抗辩权，是指在双务合同中应当先履行的一方当事人未履行或者不适当履行，到履行期限的对方当事人享有不履行、部分履行的权利。

后履行抗辩权的发生，需具备以下条件：

一是需基于同一双务合同。双方当事人因同一合同互负债务，在履行上存在关联性，形成对价关系。单务合同无对价关系，不发生后履行抗辩权。如果当事人互负的债务不是基于同一双务合同，亦不发生后履行抗辩权。

二是该合同需由一方当事人先为履行。在双务合同中，双方当事人的履行，多是有先后的。这种履行顺序的确立，或依法律规定，或按当事人约定，或按交易习惯。很多法律对双务合同的履行顺序都有规定。当事人在双务合同中也可以约定履行顺序，谁先履行，谁后履行。在法律未有规定、合同未有约定的情况下，双务合同的履行顺序可依交易习惯确立。

三是应当先履行的当事人不履行合同或者不适当履行合同。

具备上述条件，发生后履行抗辩权，即没有先履行义务但已到履行期的对方当事人享有不履行或者部分履行的权利。应当先履行合同的当事人不能行使后履行抗辩权。

后履行抗辩权可适用于以下情形：①应当先履行的当事人不履行义务，已到履行期的应当后履行的对方当事人享有不履行合同的权利。②应当先履行的当事人不适当履行合同造成根本违约，对方当事人享有不履行的权利。③应当先履行的当事人不适当履行构成部分履行，对方当事人有权就未履行部分拒绝给付，只对其相应给付。

（3）不安抗辩权

不安抗辩权，又称先履行抗辩权，指双务合同成立后，应当先履行的当事人有证据证明对方不能履行义务，或者有不能履行合同义务的可能时，在对方没有履行或者提供担保之前，有权中止履行合同义务。在双务合同中，应当先履行的当事人没有后履行抗辩权，故法律设立不安抗辩权，使其在对方无力履行的情况下享有拒绝履行合同义务的权利。

双务合同成立后，后履行的当事人且发生变化，这种变化导致其不能履行合同义务或者可能不能履行合同义务。后履行合同义务的当事人的情形发生变化，可能是财产上的减少，也可能是其他变化。这种变化包括经营状况恶化，转移财产、抽逃资金以逃避债务，丧失商业信誉和其他丧失、可能丧失履行债务能力的情形，不安抗辩权发生后，应当先履行合同义务的当事人可以中止合同的履行。

行使不安抗辩权，举证责任在先履行合同义务的当事人，其应当有证据证明对方不能履行合同或者有不能履行合同的可能性。当事人行使不安抗辩权后，应当立即通知对方当事人。不安抗辩权属延期抗辩权，当事人仅是中止合同的履行。倘若对方当事人提供了担保或者作了对待给付，不安抗辩权消灭，当事人应当履行合同。应当先履行的当事人行使了不安抗辩权，对方当事人既未提供担保，也不能证明自己的履行能力，行使不安抗辩权的当事人有权解除合同。当事人行使不安抗辩权错误的，应当承担违约责任。

对方当事人完全履行了合同义务，履行抗辩权消灭，当事人应当履行自己的义务。当事人行使履行抗辩权致使合同迟延履行的，迟延履行责任由对方当事人承担。

## 33. 什么是代位权？

代位权是指债务人怠于行使权利，债权人为保全债权，以自己的名义向第三人行使债务人现有债权的权利。

根据最高人民法院《关于适用〈中华人民共和国合同法〉若干问题的解释（一）》的规定，债权人依照《合同法》第73条的规定提起代位权诉讼，应当符合下列条件：

（1）债权人对债务人的债权合法。

（2）债务人怠于行使其到期债权，对债权人造成损害。债务人应当收取债务，且能够收取，而不收取。"债务人怠于行使其到期债权，对债权人造成损害的"，是指债务人不履行其对债权人的到期债务，又不以诉讼方式或者仲裁方式向其债务人主张其享有的具有金钱给付内容的到期债权，致使债权人的到期债权未能实现。次债务人（即债务人的债务人）不认为债务人有怠于行使其到期债权情况的，应当承担举证责任。债务人已经行使了权利，即使不尽如人意，债权人也不能行使代位权。

（3）债务人的债权已到期。

（4）债务人的债权不是专属于债务人自身的债权。专属于债务人自身的债权，是指基于扶养关系、抚养关系、赡养关系、继承关系产生的给付请求权和劳动报酬、退休金、养老金、抚恤金、安置费、人寿保险、人身伤害赔偿请求权等权利。

债权人行使代位权请求清偿的财产额，应以债务人的债权额和债权人所保全的债权为限，超越此范围，债权人不能行使。

债权人向次债务人提起的代位权诉讼经人民法院审理后认定代位权成立的，由次债务人向债权人履行清偿义务，债权人与债务人、债务人与次债务人之间相应的债权债务关系即予消灭。

## ？ 34. 什么是撤销权？

撤销权指债务人、第三人有损害债权的行为，债权人享有撤销该行为的权利。引起撤销权发生的要件是有损害债权的行为。债务人实施损害债权的行为主要指债务人以赠与、免除等无偿行为处分债权。债务人以明显不合理的低价转让财产，对债权人造成损害，并且受让人知道该情形的，债权人可以请求人民法院撤销债务人的行为。是否构成"明显不合理的低价"，以交易当地一般经营者的判断，并参考交易当时交易地的物价部门指导价或者市场交易价，结合其他相关因素综合考虑予以确认。转让价格达不到交易时交易地的指导价或者市场交易价百分之七十的，一般可以视为明显不合理的低价；对转让价格高于当地指导价或者市场交易价百分之三十的，一般可以视为明显不合理的高价。债务人放弃其未到期的债权或者放弃债权担保，或者恶意延长到期债权的履行期，或者债务人以明显不合理的高价收购他人财产，对债权人造成损害，债权人有权主张撤销权。

债权人行使撤销权，可以向债务人、第三人提出，也可以诉请法院撤销。债务人、第三人的行为被撤销的，其行为自始无效。

债务人若以无偿行为损害债权，第三人无论主观上是否有过错，无论是直接受益人还是间接受益人，债权人均有权撤销其行为，恢复财产原状，保护债务人的责任财产。

债务人、第三人若以有偿行为损害债权，则以债务人实施行为时明知损害债权和第三人受益时明知其情形为限。即债务人与第三人恶意串通，货物价值与价款悬殊，显失公平，故意损害债权人的利益。倘若第三人受益时主观上无恶意，则不能撤销其善意取得的行为，以保护交易之安全。

撤销权自债权人知道或者应当知道撤销事由之日起 1 年内行使。自债务人的行为发生之日起 5 年内没有行使撤销权的，该撤销权消灭。

## 35. 合同签订之后是否可以变更？

当事人协商一致，可以变更合同。合同的变更是指合同成立后，当事人在原合同的基础上对合同的内容进行修改或者补充。合同成立后，当事人应当按照合同的约定履行合同。任何一方未经对方同意，都不得改变合同的内容。但是，当事人在订立合同时，有时不可能对涉及合同的所有问题都作出明确的规定；合同签订后，当事人在合同履行前或者履行过程中也会出现一些新的情况，需要对双方的权利义务关系重新进行调整和规定。因此，需要当事人对合同内容重新修改或者补充。由于合同是当事人协商一致的产物，所以，当事人在变更合同内容时，也应当本着协商的原则进行。当事人可以依据要约、承诺等有关合同成立的规定，确定是否就变更事项达成协议。如果双方当事人就变更事项达成了一致意见，变更后的内容就取代了原合同的内容，当事人就应当按照变更后的内容履行合同。一方当事人未经对方当事人同意任意改变合同的内容，变更后的内容不仅对另一方没有约束力，而且这种擅自改变合同的做法也是一种违约行为，当事人应当承担违约责任。

当事人对于合同变更的内容约定不明确的，推定为未变更。当事人只需按照原有合同的规定履行即可，任何一方不得要求对方履行变更中约定不明确的内容。

◈**生活实例**◈企业虽变更名称，仍应偿还原债务①

2004 年 5 月，雷某与某甲公司订立口头协议，约定某甲公司委托雷某为其加工产品。后雷某履行了加工义务，某甲公司未提出异议，并于 10 月为雷某出具加工费结算清单，确认加工费为 3 万余元。后某甲公司变更企业名称为某乙公司，雷某多次向其索要加工费遭拒。无奈，雷某诉至法院，要求某乙公司给付加工费 3 万余元。某乙公司以变更名称和法定代表人，现公司不清楚以前债务为由拒绝给付雷某加工费。

法院认为，雷某与某甲公司加工定作关系明确，雷某履行加工义务后，某甲公司应当履行支付加工费的义务。根据相关法律规定，某甲公司的企业法人名称变更后，其权利义务应当由变更后的法人即某乙公司享有和承担，故雷某要求某乙公司给付其加工费 3 万余元的主张，符合法律规定，遂判决被告某乙公司给付原告雷某加工费 3 万余元。

◈**分析解答**◈根据《合同法》第 76 条的规定，合同生效后，当事人应当按照诚信原则全面履行合同义务，不能因自己的姓名或

---

① 毕芳芳：《企业虽变更名称 仍应偿还原债务》，载北京法院网，http：//bjgy. chinacourt. org/public/detail. php？id＝35466。

者名称、法定代表人等的变更而不履行合同义务，也不得因承办人等的变动不履行合同义务。法人变更、分立、合并后，它的权利和义务由变更后的法人享有和承担。

## 36. 合同中可以约定解除条件吗？

根据合同自愿原则，当事人在法律规定范围内享有自愿解除合同的权利。当事人约定解除合同包括两种情况：

（1）协商解除

协商解除，指合同生效后，未履行或未完全履行之前，当事人可以以解除合同为目的，经协商一致，订立一个解除原来合同的协议。协商解除是双方的法律行为，应当遵循合同订立的程序，即双方当事人应当对解除合同意思表示一致，协议未达成之前，原合同仍然有效。

（2）约定解除权

当事人可以在合同中约定，合同履行过程中出现某种情况，当事人一方或者双方有解除合同的权利。即约定当解除合同的条件出现时，享有解除权的当事人可以行使解除权解除合同，而不必再与对方当事人协商。解除权的约定也是一种合同，行使约定的解除权应当以该合同为基础。比如甲乙双方签订了房屋租赁合同，出租人甲与承租人乙约定，未经出租人同意，承租人允许第三人在该出租房屋居住的，出租人有权解除合同。解除权可以在订立合同时约定，也可以在履行合同的过程中约定，可以约定一方享有解除合同的权利，也可以约定双方享有解除合同的权利。

## 37. 在何种情况下，当事人可以解除合同？

根据《合同法》的规定，有下列情形之一的，当事人可以解除合同：

（1）因不可抗力致使不能实现合同目的的

不可抗力是指不能预见、不能避免并不能克服的客观情况。一般说来，以下情况被认为属于不可抗力：①自然灾害。自然灾害包括地震、水灾等因自然界的力量引发的灾害。自然灾害的发生，常常使合同的履行成为不必要或者不可能，需要解除合同。②战争。战争的爆发可能影响到一国以至于更多国家的经济秩序，使合同履行成为不必要。③社会异常事件。主要指一些偶发的阻碍合同履行的事件。比如罢工、骚乱等。只有不可抗力致使合同目的不能实现时，当事人才可以解除合同。

（2）因预期违约不能实现合同目的的

因预期违约解除合同，指在合同履行期限届满之前，当事人一方明确表示或者以自己的行为表明不履行主要债务的，对方当事人可以解除合同。预期违约分为明示违约和默示违约。所谓明示违约，指合同履行期到来之前，一方当事人明确肯定地向另一方当事人表示他将不履行合同。所谓默示违约，指合同履行期限到来前，一方当事人有确凿的证据证明另一方当事人在履行期限到来时，将不履行或者不能履行合同，而其又不愿提供必要的履行担保。

（3）因迟延履行不能实现合同目的的

当事人一方迟延履行主要债务，经催告后在合理期限内仍未履行的，对方当事人可以解除合同。迟延履行，指债务人无正当理由，在合同约定的履行期间届满，仍未履行合同债务；或者对于未约定履行期限的合同，债务人在债权人提出履行的催告后仍未履行。

（4）因迟延履行或者有其他违约行为不能实现合同目的的

迟延履行不能实现合同目的，指迟延的时间对于债权的实现至关重要，超过了合同约定的期限履行合同，合同目的就将落空。通常以下情况可以认为构成根本违约的迟延履行：①当事人在合同中明确约定超过期限履行合同，债权人将不接受履行，而债务人履行迟延。②履行期限构成合同的必要因素，超过期限履行将严重影响订立合同所期望的经济利益。③继续履行不能得到合同利益。

致使不能实现合同目的的其他违约行为，主要指违反的义务对合同目的的实现十分重要，如一方不履行这种义务，将剥夺另一方当事人根据合同有权期待的利益。该种违约行为主要包括：①完全不履行，即债务人拒绝履行合同的全部义务。②履行质量与约定严重不符，无法通过修理、替换、降价的方法予以补救。③部分履行合同，但该部分的价值和金额与整个合同的价值和金额相比占极小部分，对于另一方当事人无意义，或者未履行的部分对于整个合同目的的实现至关重要。

（5）法律规定的其他解除情形

法律规定解除的条件，并不是说具备这些条件，当事人必须解除合同，是否行使解除的权利，应由当事人决定。当事人一方行使解除合同的权利，必然引起合同的权利义务的终止，为了防止一方当事人因不知道对方已行使合同解除权而仍为履行的行为，从而遭受损害，本条规定，当事人根据约定解除权和法定解除权主张解除合同的，应当通知对方。合同自通知到达对方时解除。对方当事人接到解除合同的通知后，认为不符合约定的或者法律规定的解除合同的条件，不同意解除合同的，可以请求人民法院或者仲裁机构确认能否解除合同。

合同解除后，尚未履行的，终止履行；已经履行的，根据履行情况和合同性质，当事人可以要求恢复原状、采取其他补救措施，并有权要求赔偿损失。

## 38. 在合同履行过程中有哪些常见的违约行为？

当事人一方不履行合同义务或者履行合同义务不符合约定的，应当承担违约责任。当事人一方不履行合同义务或者履行合同义务不符合约定，是违约行为的基本形态，违约行为从不同角度可作多种分类。

（1）根本违约和非根本违约

按照违约行为是否完全违背缔约目的，可分为根本违约和非根本违约。完全违背缔约目的的，为根本违约。部分违背缔约目的的，为非根本违约。

（2）合同的不履行和不适当履行

按照合同是否履行与履行状况，违约行为可分为合同的不履行和不适当履行。合同的不履行，指当事人不履行合同义务。合同的不履行包括拒不履行和履行不能，拒不履行指当事人能够履行合同却无正当理由而故意不履行，履行不能指因不可归责于债务人的事由致使合同的履行在事实上已经不可能。合同的不适当履行，又称不完全给付，指当事人履行合同义务不符合约定的条件。

（3）一般瑕疵履行和加害履行

按照违约行为是否造成侵权损害，可分为一般瑕疵履行和加害履行。当事人履行合同有一般瑕疵的，为一般瑕疵履行。一般瑕疵履行有数量不足、质量不符、履行方法不当、履行地点不当、履行迟延等多种表现形式。当事人履行合同除有一般瑕疵外，还造成对方当事人的其他财产、人身损害的，为加害履行。加害履行的特征是违约与侵权行为竞合，例如，在运输合同中造成人身伤害，即为加害履行。

（4）债务人履行迟延和债权人受领迟延

按照迟延履行的主体，可分为债务人履行迟延和债权人受领迟延。债务人超逾履行期履行的，为债务人履行迟延。债权人超逾履行期受领的，为债权人受领迟延。

## ❓ 39. 违约责任的种类有哪些？

违反合同义务，就要承担违约责任。承担违约责任的种类有继续履行、采取补救措施、停止违约行为、赔偿损失，此外，还有支付违约金及定金责任等形态。

（1）继续履行

当事人一方未支付价款或者报酬的，对方当事人可以请求其履行，支付价款或者报酬，并可以请求其承担其他适当的违约责任，如支付违约金、赔偿逾期利息。当事人一方不履行非金钱债务或者履行得不适当，对方可以请求其履行，还可以请求其承担其他违约责任，如支付违约金、赔偿损失。如果非金钱债务在法律上或者事实上不能履行，或者履行费过高，或者债权人在合理期限内未请求履行，则不宜以继续履行的方式承担违约责任。

（2）采取补救措施

质量不符合约定，没有约定或者约定不明，又不能协商确定的，受损害当事人可以合理选择请求对方承担修理、更换、重作、退货、减少价款或者报酬、赔偿损失等违约责任。

（3）赔偿损失

当事人一方不履行合同义务或者履行合同义务不符合约定的，在履行义务或者采取补救措施后，对方还有其他损失的，应当赔偿损失，损失赔偿额应当相当于因违约所造成的损失，包括合同履行后可以获得的利益，但不得超过违反合同一方订立合同时预见到或者应当预见到的因违反合同可能造成的损失。经营者对消费者提供商品或者服务有欺诈行为的，依照《消费者权益保护法》的规定承担损害赔偿责任。

赔偿损失的属性是补偿，弥补非违约人所遭受的损失，适用前提是违约行为造成财产等损失的后果，如果违约行为未给非违约人造成损失，则不能用赔偿损失的方式追究违约人的民事责任。

赔偿损失的范围可由法律直接规定，也可由双方约定。在法律没有特别规定和当事人没有另行约定的情况下，应按完全赔偿原则，赔偿全部损失，包括直接损失和间接损失。直接损失指财产上的直接减少。间接损失又称所失利益，指失去的可以预期取得的利益。可以获得的预期的利益，简称可得利益，可得利益指利润，而不是营业额。可得利益的求偿不能任意扩大，不得超过违反合同一方在订立合同时依照他当时已知道或理应知道的事实和情况，对违反合同预料到或理应预料到的可能损失。

　　❖**生活实例**❖网上购物须谨慎，双倍赔偿重证据①

　　2009 年 1 月 15 日，肖女士通过互联网向林女士购买某品牌手机（全套原厂配置）一部，价格为 510 元，邮费为 10 元。2009 年 1 月，肖女士诉至法院称：其使用时发现手机信号差，通话有杂音，并自动发短信，多个功能根本达不到广告介绍的功能。经向国家信息产业部网站查询此手机入网许可证，被告知"输入的标志信息是假的。请到当地工商、消协等部门投诉"。肖女士诉至一审法院请求判令林女士退还货款 520 元，赔偿 520 元，合计 1040 元。被告林女士答辩同意肖女士退回手机及全部配件，并退回肖女士520 元货款，但不同意赔偿 520 元。

　　法院经审理认为，公民合法的民事权益受法律保护。肖女士通过互联网向林女士购买手机，现肖女士要求退还货款，林女士表示同意，表明双方均同意解除买卖合同，法院不持异议。林女士应返还肖女士货款及邮费共计 520 元，肖女士亦应将所购手机返还林女士。肖女士按照《消费者权益保护法》之规定要求林女士双倍赔偿的诉讼请求，应当首先认定林女士在向肖女士提供商品时是否存在欺诈行为。本案中，因肖女士并未提供有效证据证明林女士在向其销售手机时存在"故意告知对方虚假情况，或者故意隐瞒真实情况"之情形，故对肖女士的该项诉讼请求，不予支持。综上，法院判决林女士退还肖女士购物款 520 元；肖女士将手机退还林女士；驳回肖女士的其他诉讼请求。

　　❖**分析解答**❖本案中因手机质量问题，买卖双方发生争执，买方可以合理选择请求对方承担修理、更换、重作、退货、减少价款或者报酬、赔偿损失等违约责任。由于双方协商后同意退货退款，符合法律规定，但买方要求卖方承担欺诈的赔偿责任需要提供相应的证据证明欺诈行为的存在，由于本案所涉及的交易为网上交易，

---

① 屠育：《购买"山寨"手机　状告网络商家》，载北京法院网，http：//bjgy. chinacourt. org/public/detail. php？id＝78561。

在证据收集方面原告会面临较大困难，在没有证据支持的情况下，其请求不会被法院支持。

**？ 40. 合同中约定的违约金过高，能不能要求少付一些？**

违约金是指按照当事人的约定或者法律的直接规定，一方当事人违约的，应向另一方支付的金钱。违约金的标的物通常是金钱，但当事人也可以约定其他财产。当事人约定了违约金的，一方违约时，应当按照该约定支付违约金。如果约定的违约金低于造成的损失的，当事人可以请求人民法院或者仲裁机构予以增加；约定的违约金过分高于造成的损失的，当事人可以请求人民法院或者仲裁机构予以适当减少。如果当事人专门就迟延履行约定违约金的，该种违约金仅是违约方对其迟延履行所承担的违约责任，因此，违约方支付违约金后，还应当继续履行债务。

**？ 41. 合同中约定的定金如何处理？**

定金是指合同当事人一方为了担保合同的履行而预先向对方支付一定数额的金钱。《担保法》第六章对定金制度作了较为详细的规定。该法第89条规定："当事人可以约定一方向对方给付定金作为债权的担保。债务人履行债务后，定金应当抵作价款或者收回。给付定金的一方不履行约定的债务的，无权要求返还定金；收受定金的一方不履行约定的债务的，应当双倍返还定金。"根据本条的规定，当事人在订立合同时，可以依照担保法约定一方向对方给付定金作为债权的担保，并按照这一规定履行定金罚则。

现实中，有些当事人在合同中既约定了违约金，又约定了定金，对此如果一方违约，对方当事人可以选择适用违约金或者定金条款，即对方享有选择权，可以选择适用违约金条款，也可以选择适用定金条款，但二者不能并用。

## 42. 因不可抗力而违约可以免责吗?

不可抗力指当事人订立合同时不可预见，它的发生不可避免，人力对其不可克服的自然灾害、战争等客观情况。不可抗力造成违约的，违约方没有过错，因此通常是免责的，但法律规定因不可抗力造成的违约也要承担责任的，违约方也要承担无过错的违约责任。当事人一方因不可抗力不能履行合同的，应当及时通知对方，以减轻可能给对方造成的损失，并应当在合理期限内提供证明。如果因为违约方的过失没有能及时通知对方，对于因此而扩大的损失，应承担违约责任。

## 43. 因第三人的原因而违约可以免责吗?

违约是由第三人造成的，为因第三人原因造成的违约。因第三人原因造成一方当事人违约的，该当事人应当承担违约责任。该当事人承担违约责任后，应当向第三人追偿。例如依照消费权益保护法，消费者因商品缺陷造成人身、财产损害的，可以向出售商品的销售者请求赔偿，也可以向制造商品的生产者请求赔偿，受损害的消费者直接请求生产者赔偿的，生产者应当赔偿。

◈生活实例◈**本田车夜间被盗，停车场不能免责**①

2005 年 10 月 29 日晚上，熊先生将自己的本田车放在路边停车位上。停车管理员收取了停车费。次日司机取车时发现车辆被盗，立即报案，但此案现尚未侦破。2006 年 4 月 4 日，保险公司仅赔付了熊先

---

① 王悦：《本田车夜间被盗　凭停车票获赔》，载北京法院网，http：//bjgy. chinacourt. org/public/detail. php? id = 58551。

生174844.8元的车辆损失，但其余68991.2元损失熊先生未得到赔偿。熊先生认为，车辆在存车处保管期间被盗，其应对此承担赔偿责任，故起诉要求存车处赔偿车辆损失余款68991.2元。

而作为被告的公共存车处却否认熊先生的车在其处存放的事实，他们在法庭上称当时看车工并没有看见本田车。为此，熊先生的代理律师当庭出示了存车处停车收费发票来证明车辆在存车处存放的事实。而对此存车处却表示：停车发票上未注明时间，原告常在该处停车拥有发票是正常的，这并不能成为起诉的依据，故不同意原告的诉讼请求。

法院审理后认为：原告熊先生对曾在停车处停车后被盗的事实提供了停车发票、案件回执单、保险公司赔款收据等证据，考虑到原告作为个人的举证能力，其已经穷尽了举证手段，依据民事证据的高度盖然性原则，原告熊先生所提供的证据可以推定曾在被告停车处停车后被盗的事实存在。停车发票上未注明时间的责任在于被告方，对此被告应加强对其职工工作的管理及监督。被告称看车工未发现本田车一节，因看车工系被告一方的职工，与被告有利害关系，故对此法院不予采信。综上，原、被告之间存在保管合同关系，原告的车辆丢失被告应承担赔偿责任。对原告要求被告赔偿车辆余款的诉讼请求本院予以支持。据此，判决公共存车处赔偿熊先生损失68991.2元。

※分析解答※在保管合同中，保管物的毁损灭失通常是第三人的原因造成的，但由于第三人的原因不属于合同违约责任的免责事由，保管人仍然要承担违约责任，保管人对车主赔偿后，在其承担的违约责任范围内，可向第三人追偿，即如果失窃案件侦破后，可以向犯罪人追偿，或者从追回的车辆的价值中获得相应的补偿。

## 44. 因违约行为造成人身伤害的，如何维权？

因违约行为造成人身伤害的，构成违约责任与侵权责任的竞合，即债务人的违法行为，既符合违约要件，又符合侵权要件，导致违约责任与侵权责任一并产生，又违约责任引发债权人索赔的请求权，侵权责任也引发债权人索赔的请求权，两个请求权有重叠之处，形成请求权的竞合。《合同法》第122条规定："因当事人一方的违约行为，侵害对方人身、财产权益的，受损害方有权选择依照本法要求其承担违约责任或者依照其他法律要求其承担侵权责任。"受害人要么请求侵害人承担违约的民事责任，要么请求分割人承担侵权的民事责任，二者只能择一，不得行使两个请求权。最高人民法院《关于适用〈中华人民共和国合同法〉若干问题的解释（一）》第30条规定，债权人依照《合同法》第122条的规定向人民法院起诉时作出选择后，在一审开庭以前又变更诉讼请求的，人民法院应当准许。也就是说，在诉讼的过程中，一审开庭之前，当事人仍然可以根据案件的具体情况，从举证责任和诉讼请求范围的角度权衡追究违约责任或者侵权责任是否对自己有利，改变自己的选择。

◈生活实例◈请求精神损害赔偿，应选择侵权之诉①

2007年12月27日15时许，潘女士乘坐某公交公司的3路车外出，该车行至某桥路段时与他人的小客车发生交通事故，造成潘女士受伤，住院10天，并支付了6414.8元的医疗费。事后，潘女士称自己心理产生了阴影，不敢乘坐公交车。为此，潘女士以某公交公司违约为由，将公交公司诉至法院。庭审过程中，公交公司辩称，经交管部门认定，公司公交车在此次交通事故中没有责任，对方负全责，故只同意适当赔偿潘女士的损失。

法院经审理后认为，潘女士乘坐某公交公司所属的公共运输工具，双方形成交通运输合同关系，公交公司有义务将潘女士安全送达目的地。潘女士在乘车时受伤，该公交公司应对潘女士的合理损失予以赔偿。同时，潘女士在事故中受伤，她既可以向公交公司提

① 吕书义：《乘坐公交意外受伤　要求精神损失被驳》，载北京法院网，http://bjgy. chinacourt. org/public/detail. php? id = 72429。

起违约诉讼，也可以以侵权提起诉讼。本案中潘女士提出违约之诉并要求公交公司赔偿其精神损失，因精神损失只存在于侵权之诉，故潘女士的要求于法无据。据此，法院依法驳回了潘女士提出要求公交公司赔偿其5000元精神损失费的诉讼请求。

◈**分析解答**◈所谓责任竞合，是指某种违反民事义务的行为，符合多种民事责任的构成要件，从而在法律上导致多种责任形式存在并相互冲突的现象，其中以侵权责任和违约责任的竞合最为常见。我国法律规定，在出现责任竞合时，允许由受害人选择请求权。本案原告正是以此为依据，选择了违约之诉。法院以运输合同纠纷为案由审结该案，而不是以侵权损害赔偿为案由。以侵权还是以合同纠纷为案由要求赔偿，一个重要差别就是对于精神损害的赔偿，侵权损害赔偿纠纷可以支持，但在合同纠纷中，只赔偿财产的直接损失，而不赔偿精神损失。

## 45. 违约造成的所有损失都要赔偿吗？

当事人一方违反合同的，另一方不能无动于衷，任凭损失扩大，而应当采取积极措施，减少损失。当事人一方已经尽了最大努力，仍然不能履行或者不能完全履行合同的，应当及时向对方说明情况，尽量避免或者减少可能造成的损失。对方在接到通知后，如果能够采取有效措施防止损失的发生或者扩大，不能履行或者不能完全履行合同的一方对此发生或者扩大的损失不承担民事责任。当事人一方因另一方违反合同受到损失的，即使没有接到违反合同一方的通知，也应当及时采取措施防止损失的扩大；没有及时采取措施致使损失扩大的，无权就扩大的损失请求赔偿。当事人因防止损失扩大支出的合理费用，由违约方承担。

## 46. 合同条款约定不明确的，如何履行？

当事人约定了合同的标的、数量的，合同就可以成立并生效。实践中，相当多的合同是不标准的，难免有个别条款约定得不是很明确，对此，《合同法》第61条规定了合同约定条款不明确、不完整时的履行原则。合同生效后，当事人就质量、价款或者报酬、履行地点等内容没有约定或者约定不明确的，可以协议补充；不能达成补充协议的，按照合同有关条款或者交易习惯确定。

最高人民法院《关于适用〈中华人民共和国合同法〉若干问题的解释（二）》第7条规定，下列情形，不违反法律、行政法规强制性规定的，人民法院可以认定为合同法所称"交易习惯"："（一）在交易行为当地或者某一领域、某一行业通常采用并为交易对方订立合同时所知道或者应当知道的做法；（二）当事人双方经常使用的习惯做法。对于交易习惯，由提出主张的一方当事人承担举证责任。"

《合同法》第62条规定，当事人在合同中对质量、价款、履行地点、履行方式、履行期限、履行费用未约定，或者约定不明确，既不能通过协商达成补充协议，又不能按照合同的有关条款或者交易习惯确定，可以适用下列规定：

（1）质量标准不明确的，有国家标准、行业标准的，按照国家标准、行业标准履行。没有国家标准、行业标准的，按照同类产品或者同类服务的市场通常质量标准或者符合合同目的特定标准履行。这里讲的通常标准，指的是同一价格的中等质量标准。

（2）价款不明确的，除依法必须执行政府定价、政府指导价的以外，按照同类产品、同类服务订立合同时履行地的市场价格履行。

（3）履行地点不明确的，如果是给付货币，在接受给付一方的所在地履行。交付不动产的，在不动产所在地履行。其他标的在履行义务一方的所在地履行。

（4）履行期限不明确的，债务人可以随时向债权人履行义务，债权人也可以随时请求债务人履行义务。不能即时履行的，应当给对方必要的准备时间。

（5）履行方式不明确的，按照标的物性质决定的方式或者有利于实现合同目的的方式履行。

（6）履行费用的负担不明确的，由履行义务的一方负担履行费用。

## 47. 合同条款约定有歧义的，如何解释？

在实践中由于种种原因对合同的某些条款的含义发生争议。根据合同法的规定，当事人对合同条款的理解有争议的，应当按照合同所使用的词句、合同的有关条款、合同的目的、交易习惯以及诚实信用原则，确定该条款的真实意思。合同文本采用两种以上文字订立并约定具有同等效力的，对各文本使用的词句推定具有相同含义。各文本使用的词句不一致的，应当根据合同的目的予以解释。

合同的条款用语言文字构成。解释合同必须先由词句的含义入手。一些词句在不同的场合可能表达出不同的含义，所以应当探究当事人订立合同时的真实意思。

合同条款是合同整体的一部分，与其他条款有着密切的联系。因此，不仅要从词句的含义去解释，还要与合同中相关条款联系起来分析判断，而不是孤立地去看待某条款，才能较为准确地确定该条款的意思。

当事人签订合同都是为达到一定的目的，合同中的各条款都是为达到合同目的而制定的。合同目的包括了整个合同的真实意图。因此，对条款的解释还应当从符合合同目的的原则剖析。依合同目的的原则解释要求，当条款表达意见含混不清或相互矛盾时，作出与合同目的协调一致的解释。

## ❓ 48. 情势变更和商业风险有什么区别?

商业风险属于从事商业活动的固有风险,诸如尚未达到异常变动程度的供求关系变化、价格涨跌等。情势变更是当事人在缔约时无法预见的非市场系统固有的风险。最高人民法院《关于适用〈中华人民共和国合同法〉若干问题的解释(二)》第26条规定,合同成立以后客观情况发生了当事人在订立合同时无法预见的、非不可抗力造成的不属于商业风险的重大变化,继续履行合同对于一方当事人明显不公平或者不能实现合同目的,当事人请求人民法院变更或者解除合同的,人民法院应当根据公平原则,并结合案件的实际情况确定是否变更或者解除。

在判断某种重大客观变化是否属于情势变更时,应当注意衡量风险类型是否属于社会一般观念上的事先无法预见、风险程度是否远远超出正常人的合理预期、风险是否可以防范和控制、交易性质是否属于通常的"高风险、高收益"范围等因素,并结合市场的具体情况,来区分情势变更和商业风险。

## ❓ 49. 合同争议的诉讼时效有多长?

诉讼时效是指民事权利受到侵害的权利人在法定的时效期间内不行使权利,当时效期间届满时,人民法院对权利人的权利不再进行保护的制度。在法律规定的诉讼时效期间内,权利人提出请求的,人民法院就强制义务人履行所承担的义务。而在法定的诉讼时效期间届满之后,权利人行使请求权的,人民法院就不再予以保护。值得注意的是,诉讼时效届满后,义务人虽可拒绝履行其义务,权利人请求权的行使仅发生障碍,权利本身及请求权并不消灭。当事人超过诉讼时效后起诉的,人民法院应当受理。受理后查明无中止、中断、延长事由的，判决驳回其诉讼请求。时效具有强制性，任何时效都由法律、法规强制规定，任何单位或个人对时效的延长、缩短、放弃等约定都是无效的。我国《民法通则》规定一般诉讼时效期限为 2 年，普通的合同争议也适用这一规定。

诉讼时效的起算点，自当事人知道或者应当知道其权利受到侵害之日起计算。当事人约定同一债务分期履行的，诉讼时效期间从最后一期履行期限届满之日起计算。当事人约定同一债务分期履行，履行合同的目的是对同一笔债务约定分期履行。整个债务是单一的整体，具有整体性和唯一性，尽管约定了分期履行的期限和数额，但相对的独立性不足以否定整笔债务的整体性。整笔债务的整体性和唯一性是整笔债务的根本特征，所以认为每期债务的请求权应该从最后一期起算。

合同如果没有约定履行期限或者约定不明的情形，应尽量按照《合同法》第 61 条、第 62 条规定进行补救。补救方式有三：第一种，事后双方当事人协议补充；第二种，按照交易习惯确定；第三种，随时履行。如果当事人事后约定或者交易习惯，可以确定履行期限的，诉讼时效期间从履行期限届满之日起计算；如果不能确定履行期限的，诉讼时效的起算点，应从权利人第一次向义务人主张权利时，视义务人是否同意履行，又区分两种情形：一种情形是要给予当事人一定的宽限期。根据给予宽限期的时间点起算，也就是《合同法》第 62 条第 4 项中所说的要给当事人必要的准备时间。另一种情形是权利人向债务人主张权利，债务人明确拒绝，此时再给义务人宽限期就毫无意义，没有必要从宽限期经过之后再起算，而是从拒绝之日起算时效。

　※生活实例※未约定付款时间，5 年欠款仍可索要①

　原告某材料公司诉称：2003 年 12 月，公司与李某订立口头装饰装修合同，并按照约定完成了更换不锈钢无框自由门和不锈钢楼

---

　① 母冰：《未约定付款时间　5 年欠款仍可索要》，载北京法院网，http：//bjgy. chinacourt. org/public/detail. php？id＝77041。

梯扶手的装修工作，工程完工后，同年 12 月 22 日，李某在装修工程报价单上签字确认装修费为 1 万余元，双方未约定付款时间。因李某一直拖欠装修费至今，2008 年 4 月，公司起诉到法院，要求李某给付该款。被告李某则辩称，材料公司的诉讼请求已经超过诉讼时效，不同意其诉讼请求。

法院经审理认为，李某为材料公司签署报价单，确认了装修费金额，该报价单系双方的真实意思表示，当属有效。且双方未约定付款时间，原告公司可以随时主张权利，原告诉讼请求未超过诉讼时效，遂判决李某给付材料公司装修费 1 万余元。

◈分析解答◈最高人民法院《关于审理民事案件适用诉讼时效制度若干问题的规定》第 6 条规定："未约定履行期限的合同，依照合同法第六十一条、第六十二条的规定，可以确定履行期限的，诉讼时效期间从履行期限届满之日起计算；不能确定履行期限的，诉讼时效期间从债权人要求债务人履行义务的宽限期届满之日起计算，但债务人在债权人第一次向其主张权利之时明确表示不履行义务的，诉讼时效期间从债务人明确表示不履行义务之日起计算。"本案中双方成立的合同为口头合同，双方并没有就履行期限作出约定，因此，诉讼时效的起算根据上述司法解释的规定来确定，根据本案的具体情况，公司的起诉没有超过诉讼时效，应受到法律的保护。

## 50. 诉讼时效如何中断？

诉讼时效的中断是指在诉讼时效期间进行中，因发生一定的法定事由，致使已经经过的时效期间统归无效，待时效中断的事由消除后，诉讼时效期间重新起算。根据《民法通则》第 140 条的规定，中断诉讼时效的事由包括提起诉讼（起诉）、当事人一方提出要求（请求）或者同意履行义务（承诺）。这些事由都是依当事人主观意志而实施的行为。诉讼时效的目的是促使权利人行使请求权，消除权利义务关系的不稳定状态，从而诉讼时效进行的条件是权利人不行使权利，如果当事人通过实施这些行为，使权利义务关系重新明确，则诉讼时效已无继续计算的意义，当然应予以中断。

（1）起诉，即权利人依诉讼程序主张权利，请求人民法院强制义务人履行义务。起诉行为是权利人通过人民法院向义务人行使权利的方式。故诉讼时效从当事人一方向人民法院提交起诉状或者口头起诉的，诉讼时效从提交起诉状或者口头起诉之日起中断，并从人民法院裁判生效之时重新起算。

根据最高人民法院《关于审理民事案件适用诉讼时效制度若干问题的规定》第13条的规定，有下列事项之一的，人民法院应当认定与提起诉讼具有同等诉讼时效中断的效力：

①申请仲裁；

②申请支付令；

③申请破产、申报破产债权；

④为主张权利而申请宣告义务人失踪或死亡；

⑤申请诉前财产保全、诉前临时禁令等诉前措施；

⑥申请强制执行；

⑦申请追加当事人或者被通知参加诉讼；

⑧在诉讼中主张抵销；

⑨其他与提起诉讼具有同等诉讼时效中断效力的事项。

权利人向人民调解委员会以及其他依法有权解决相关民事纠纷的国家机关、事业单位、社会团体等社会组织提出保护相应民事权利的请求，诉讼时效从提出请求之日起中断。权利人向公安机关、人民检察院、人民法院报案或者控告，请求保护其民事权利的，诉讼时效从其报案或者控告之日起中断。上述机关决定不立案、撤销案件、不起诉的，诉讼时效期间从权利人知道或者应当知道不立案、撤销案件或者不起诉之日起重新计算；刑事案件进入审理阶段，诉讼时效期间从刑事裁判文书生效之日起重新计算。

（2）请求，指权利人直接向义务人作出请求履行义务的意思表示。这一行为是权利人在诉讼程序外向义务人行使请求权。改变了不行使请求权的状态，故应中断诉讼时效。

根据最高人民法院《关于审理民事案件适用诉讼时效制度若干问题的规定》第 10 条的规定，具有下列情形之一的，应当认定为《民法通则》第 140 条规定的"当事人一方提出要求"，产生诉讼时效中断的效力：

①当事人一方直接向对方当事人送交主张权利文书，对方当事人在文书上签字、盖章或者虽未签字、盖章但能够以其他方式证明该文书到达对方当事人的；

②当事人一方以发送信件或者数据电文方式主张权利，信件或者数据电文到达或者应当到达对方当事人的；

③当事人一方为金融机构，依照法律规定或者当事人约定从对方当事人账户中扣收欠款本息的；

④当事人一方下落不明，对方当事人在国家级或者下落不明的当事人一方住所地的省级有影响的媒体上刊登具有主张权利内容的公告的，但法律和司法解释另有特别规定的，适用其规定。

前款第①项情形中，对方当事人为法人或者其他组织的，签收人可以是其法定代表人、主要负责人、负责收发信件的部门或者被授权主体；对方当事人为自然人的，签收人可以是自然人本人、同住的具有完全民事行为能力的亲属或者被授权主体。

（3）认诺，即义务人在诉讼时效进行中直接向权利人作出同意履行义务的意思表示。基于义务人认诺所承担的义务，使双方当事人之间的权利义务关系重新得以明确，诉讼时效自此中断，并即时重新起算。

义务人作出分期履行、部分履行、提供担保、请求延期履行、制订清偿债务计划等承诺或者行为的，属于"同意履行义务"的行为。

时效的中断与时效的中止不同。诉讼时效中止是指在诉讼时效进行中，因一定的法定事由产生而使权利人无法行使请求权，暂停计算诉讼时效期间。《民法通则》第 139 条规定："在诉讼时效期间的最后六个月内，因不可抗拒力或者其他障碍不能行使请求权的，诉讼时效中止。"诉讼时效中止的条件包括：（1）诉讼时效的中止必须是因法定事由而发生。这些法定事由包括两大类：一是不可抗力，如自然灾害、军事行动等，都是当事人无法预见和克服的客观情况；二是其他阻碍权利人行使请求权的情况。（2）法定事由发生在诉讼时效期间的最后 6 个月内，始产生中止诉讼时效的效力。（3）中止时效的法定事由消除后，继续以前计算的诉讼时效至届满为止。诉讼时效中止之前已经经过的期间与中止时效的事由消失之后继续进行的期间合并计算，而中止的时间过程则不计入时效期间。

**◈生活实例◈诉讼时效已过，中断事由难成立**[①]

2004 年 6 月 18 日，原告某贸易公司与被告某科技公司订立购销合同，约定向被告提供蓄电池 108 只，货款为 21 万余元。某贸易公司依约履行了义务，被告只给付货款 13 万余元，尚欠货款 8 万余元。原告多次催要，被告未能给付。为此，请求法院判令被告给付货款 8 万余元并支付利息损失。

被告某科技公司辩称，原告现在主张权利，已经超过了诉讼时效。原告为证明其主张权利未超过诉讼时效，提交了 2008 年 7 月 24 日与被告法定代表人樊某的通话录音。经质证，被告对通话录音提出异议，认为与樊某通话是事实，但不能证明诉讼时效中断，只能证明还有部分货款没有支付的事实，樊某并未向原告承诺同意给付剩余货款。原告的录音时间是 2008 年 7 月 24 日，此时，已经超过诉讼时效，该录音也不能代表双方达成了还款协议。

法院经审理认为，双方明确约定贸易公司主张债权的时间应从 2005 年 6 月 18 日起算。虽贸易公司证明 2008 年 7 月 24 日与被告经理樊某打电话催要所欠货款，但此时已经超过诉讼时效期间。从通话录音整个过程看，樊某并未有同意履行义务的意思表示，即明确表示何时能够履行所欠货款，因此法院判决驳回贸易公司的诉讼

---

① 母冰：《录催款电话为证 时效已过被驳》，载北京法院网，http://bjgy. chinacourt. org/public/detail. php? id = 77194。

请求。

&#x273B; **分析解答** &#x273B; 诉讼时效中断的事由必须发生在诉讼时效期间进行中，本案中某贸易公司的证据只能证明其向债务人主张了权利，但其主张权利的时间已经超过了诉讼时效期间，因此，不为法律所保护。

# 第二章 买卖合同纠纷

## ? 51. 什么是买卖合同?

依我国《合同法》第130条的规定,买卖合同是出卖人转移标的物的所有权给买受人,买受人支付价款的合同。依约定应交付标的物并转移标的物所有权的一方称为出卖人,应支付价值的一方称为买受人。

买卖合同的内容主要由当事人约定,除了标的、数量、质量、价款、履行期限、履行地点、履行方式、违约责任、解决争议的方法等条款外,买卖合同的当事人还可以就包装方式、检验标准和方法、结算方式以及合同使用的文字及其效力等内容进行约定。

买卖合同是双务合同。出卖人与买受人互为给付,双方都享有一定的权利,又都负有相应的义务。卖方负有交付标的物并转移其所有权于买方的义务,买方也同时负有向卖方支付价款的义务。一方的义务也正是对方的权利。因此,买卖合同是一种典型的双务合同。

具体来说,出卖人的义务包括:按照约定的期限向买受人交付标的物或者交付提取标的物的单证,并转移标的物的所有权。买卖合同的买受人的目的就是取得标的物的所有权,所以交付标的物并转移标的物的所有权是出卖人最基本的义务。出卖人应当按照约定或者交易习惯向买受人交付提取标的物单证以外的有关单证和资料。合同约定交付期间的,出卖人可以在该交付期间内的任何时间交付。

买受人的义务是按照约定的数额支付价款。支付价款是买卖合同中买受人的基本义务，是出卖人交付标的物并转移其所有权的条件。买卖合同对标的物的价款作出约定的，买受人应当依照约定履行义务。有时合同可能并未直接约定价款的数目，而是约定了一个如何计算价款的方法，如果该方法清晰明确，同样属于对价款有约定的情形。买卖合同当事人未就价款作出约定或者约定不明确，并不导致合同不成立，除依法由政府定价的以外，按照订立合同时履行地的市场价格履行。买受人应当按照约定的时间支付价款。对支付时间没有约定或者约定不明确，依照《合同法》第61条的规定仍不能确定的，买受人应当在收到标的物或者提取标的物单证的同时支付。对于合同当事人没有约定逾期付款违约金标准的，可以参照中国人民银行规定的金融机构计收逾期贷款利息的标准计算逾期付款违约金。

◈生活实例◈卖旧车未缴养路费，被判返款合同无效①

侯先生与瞿某互相认识，2008年6月12日，瞿某将其使用的一辆松花江牌面包车卖与侯先生，车主实为安某。6月18日，侯先生在使用该车时被养路征收稽查处扣押，理由为该车欠缴公路养路费6个月以上。随后侯先生找瞿某协商，要求其补交养路费未果。6月23日，侯先生诉至法院，要求判令车辆买卖无效，退还车款4000元。

法院审理后认为，旧机动车辆的买卖必须经过旧车交易市场办理登记过户手续。原、被告买卖机动车未经旧机动车交易市场，亦未办理过户手续，因车主不是被告，要求双方办理过户手续无法实现，对此双方均存在过错。鉴于合同无法继续履行，原告要求判令买卖关系无效和退还车辆，理由正当，法院予以支持，被告应按规定退还原告的购车款。

◈分析解答◈旧机动车买卖在我国实行相对较为严格的管理制度，需要在专门的二手车交易市场内进行交易，而且买方一般需要了解该旧车是否正常缴纳了养路费，以免将来面临不必要的麻烦。

---

① 古章阳：《卖旧车未缴养路费　被判返款合同无效》，载北京法院网，http：//bjgy. chinacourt. org/public/detail. php？id＝72378。

## 52. 买卖合同中标的物的所有权何时转移？

标的物的所有权转移，是指买卖合同的标的物自出卖人转移归买受人享有。因为买卖合同是指转移标的物所有权的合同，买受人的目的是支付价款以取得标的物的所有权，出卖人的目的是让与标的物的所有权以取得价款。所以，标的物的所有权转移是买卖合同的基本问题，关系着当事人切身利益的实现。

合同当事人可以依照合同自愿的原则，在合同中约定标的物所有权转移的时间，还可以在买卖合同中约定买受人未履行支付价款或者其他义务的，标的物的所有权属于出卖人。当事人对此作了约定的，除非有关法律针对特殊领域的所有权转移问题有专门的规定之外，在合同履行中以及发生争议时的处理中就要依照当事人的约定。法律没有规定或者当事人没有约定的，财产所有权的转移时间为交付之时。

交付是指标的物占有的转移。标的物的交付分为现实的交付和拟制的交付两种。现实的交付即指出卖人将标的物的占有直接转移于买受人，使标的物处于买受人的实际控制之下。如将出卖的商品直接交给买受人，将出卖房屋的钥匙交给买受人等，都是现实交付。拟制的交付是指出卖人将对标的物占有的权利转移于买受人，以替代现实的交付。最常见的指示交付是将仓单、提单交给买受人。

标的物所有权的转移方法，依法律的规定而定。动产一般以占有为权利的公示方法，因此，除法律另有特别规定或者当事人另有约定以外，动产所有权依交付而转移。不动产和法律有特别规定的动产，如车辆、船舶、航空器等，以登记为权利公示的方法，因此，其所有权的转移须办理所有权人的变更登记。无论合同是否作出约定，出卖人都应当协助买受人办理所有权的变更登记手续，并将有关的产权证明文书交付买受人。

标的物在订立合同之前已为买受人占有的，合同生效的时间为交付时间，合同标的物的所有权也就从合同生效之时起，从出卖人转移至买受人。

**※生活实例※机动车买卖以交付为生效要件，以登记为对抗要件①**

2008年上半年，宋某和张某两人合伙经营生猪养殖，宋某自己有一辆福田牌货车作为生猪贩卖时的运输工具。2008年7月，宋某决定退伙，而张某仍想继续养殖生猪，于是，宋某答应将货车卖给张某，以便其继续经营，两人签订了买卖合同，约定自2008年8月1日两人散伙后，福田牌货车归张某所有，但由于宋某要运走合伙财产并贩卖一部分生猪，两人又在合同中约定该货车仍由宋某使用至2008年8月30日，待办理该车过户手续，张某向宋某支付车款45000元。之后，宋某从朋友处得知搞建筑的赵某正急需一辆货车，2008年8月20日经双方商议，宋某以5万元价格将货车及证件、牌照等手续一并转让给赵某，但并未办理过户登记。2008年8月30日，张某得知此事，要求宋某交付货车，宋某表示自己无能为力，因该货车及所有手续已经交给赵某。张某遂至法院起诉赵某返还该货车。

审理中，张某表示根据买卖合同，自己是该货车所有权人，赵某应向其返还该货车。赵某表示自己购买时并不知道此事，宋某提供的货车相关手续署名均为宋某，而且自己已经向宋某支付了车款，故不同意向张某返还货车。法院经审理，最终判决驳回了张某的诉讼请求。

**※分析解答※** 本案中，张某与宋某签订的买卖合同约定货车转让给张某所有，但由宋某再占有使用一段时间，此种约定是有效的，在张、宋两人达成约定后，物权变动已经生效，该货车的所有权已转让给张某享有，而宋某同时取得要求张某支付价款的权利。此时，张某虽然已经取得货车所有权，但是却没有办理过户登记进而进行公示，尚不具有对抗第三人的效力，这就使得第三人赵某可以依据善意取得制度取得车辆的所有权。

---

① 王晓磊：《机动车买卖以交付为生效要件，以登记为对抗要件》，载北京法院网，http://bjgy.chinacourt.org/public/detail.php?id=74179。

## 53. 买卖合同标的物的风险何时转移?

风险承担是指买卖的标的物在合同生效后因不可归责于当事人双方的事由,如地震、火灾、飓风等致使发生毁损、灭失时,该损失由哪方当事人承担。

标的物风险转移的时间可以由双方当事人在合同中作出约定。合同当事人对此问题未作约定或者约定不明确时,标的物毁损、灭失的风险,在标的物交付之前由出卖人承担,交付之后由买受人承担,但法律另有规定的除外。

《合同法》作出的例外规定有:

(1)因买受人的原因致使标的物不能按照约定的期限交付的,买受人应当自违反约定之日起承担标的物毁损、灭失的风险。在标的物迟延交付是由买受人过错造成的情况下,如果仍然坚持标的物的风险自交付起转移,则显然对出卖人是不公平的。因为他已经为标的物的交付做好了准备,标的物已处于可交付的状态,而买受人则违反了及时接收标的物的合同义务。

(2)出卖人出卖交由承运人运输的在途标的物,除当事人另有约定的以外,毁损、灭失的风险自合同成立时起由买受人承担。出卖在运输途中的货物,一般在合同订立时,出卖人就应当将有关货物所有权的凭证或者提取货物的单证等交付买方,货物也就处在了买方的支配之下。因此,一般说来,从订立合同时起转移货物的风险承担也是合理的。

(3)当事人没有约定交付地点或者约定不明确,依照本法第141条第2款第1项的规定标的物需要运输的,出卖人将标的物交付给第一承运人后,标的物毁损、灭失的风险由买受人承担。

(4)出卖人按照约定或者依照法律规定将标的物置于交付地点,买受人违反约定没有收取的,标的物毁损、灭失的风险自违反约定之日起由买受人承担。

（5）出卖人按照约定未交付有关标的物的单证和资料的，不影响标的物毁损、灭失风险的转移。

（6）因标的物质量不符合质量要求，致使不能实现合同目的的，买受人可以拒绝接受标的物或者解除合同。买受人拒绝接受标的物或者解除合同的，标的物毁损、灭失的风险由出卖人承担。

标的物毁损、灭失的风险由买受人承担的，不影响因出卖人履行债务不符合约定，买受人要求其承担违约责任的权利。

**◈生活实例◈需运输的货物，无特别约定，自交付承运人时风险转移给买受人**

王某在石家庄做图书批发生意，与保定的李某做过几次生意，双方都如约履行。去年8月，李某要王某向他发价值1万元的学生辅导材料，王某把辅导材料包装后交给运输公司，结果运输中大部分图书被雨水浇湿报废。王某向李某讨要货款被李某拒绝，李某能拒付货款吗？

**◈分析解答◈**根据《合同法》的规定，买卖合同中标的物毁损、灭失的风险，自标的物交付时转移。标的物需要运输的，若当事人没有其他约定，标的物毁损、灭失的风险，自标的物交付给承运人时转移。王某已经把图书资料交付给承运人，履行了合同义务，那么标的物的风险就应当由李某承担。李某应当给付所有货款。李某在支付货款后，如果运输公司有过失，可以向运输公司追偿。

## ❓ 54. 什么是权利瑕疵担保责任？

买卖合同中出卖人对标的物的权利担保指的是出卖人应当保证对标的物享有合法的权利，没有侵犯任何第三人的权利，并且任何第三人都不会就该标的物向买受人主张任何权利。根据《合同法》第150条的规定，出卖人就出卖的标的物，除非法律另有规定，负有保证第三人不得向买受人主张任何权利的义务。这一义务称为出卖人权利的瑕疵担保义务。

具体地说，出卖人的保证义务包括：（1）出卖人对出卖的标的物享有合法的权利，他须对标的物具有所有权或者处分权。出卖人作为代理人替货主出售货物，即是出卖人具有处分权的情形。而出卖人将其合法占有或者非法占有的他人财产作为出卖的标的物，或者出卖自己只有部分权利的标的物，如与他人共有的财产等都是对此项义务的违反。（2）出卖人应当保证标的物上不存在他人可以主张的权利，如抵押权、租赁权等。（3）出卖人应当保证标的物没有侵犯他人的知识产权。

如果出卖人将其根本没有所有权或者处分权的财产拿来出售，而买方并不知情出钱购买之后，一旦财产的真正所有人向买方提出索回财产时，如果买方是不知情的善意买受人，在法律上仍然会得到相应的保护。此时买受人的利益如果没有受到损害，出卖人就无须承担违反权利的瑕疵担保义务的违约责任。

在订立合同时，如果买受人已知或者应知标的物在权利上存在缺陷，除合同没有约定相反的意思，就应当认为买受人抛弃了对出卖人的担保权。因为买受人在订立合同时明知这种情况就等于表示愿意购买有权利缺陷的标的物。《合同法》第 151 条规定："在买卖合同订立时，买受人知道或者应当知道第三人对买卖的标的物享有权利的，出卖人不负担该项义务。"另外，如果就买受人是否知情发生争议，出卖人如果主张买受人在订立合同时明知标的物的权利缺陷，则对此举证的责任在出卖人，而非买受人。

《合同法》第 152 条规定，买受人有确切证据证明第三人可能就标的物主张权利的，可以在出卖人未提供适当担保时，行使合同履行抗辩权，中止支付相应的价款。

❖生活实例❖没有造成人身、财产损害，合同当事人不得主张侵权责任①

2008 年 9 月至 10 月期间，张某从王某处购买了某水泥公司生

---

① 周伟男：《产品质量缺陷未造成人身、财产损害，买受人不得要求销售者和生产者承担连带赔偿责任》，载北京法院网，http://bjgy.chinacourt.org/public/detail.php?id=77650。

产的水泥，用于张某承包的路面铺设工程。因水泥质量不合格，造成铺设的路面需要返工，同时，张某向发包方支付了3万元罚款。随后，张某诉至法院，要求王某和某水泥公司连带赔偿经济损失150298.71元。法院经审理认为，张某的主张缺乏法律依据，最终依法裁定驳回了张某的起诉。

❖分析解答❖依照《产品质量法》第43条的规定，"因产品存在缺陷造成人身、他人财产损害的，受害人可以向产品的生产者要求赔偿，也可以向产品的销售者要求赔偿。属于产品的生产者的责任，产品的销售者赔偿的，产品的销售者有权向产品的生产者追偿。属于产品的销售者的责任，产品的生产者赔偿的，产品的生产者有权向产品的销售者追偿"。本案中，张某使用的水泥未造成人身、他人财产损害，其损害系买卖合同履行中发生的损失，应当依据出卖方是否应承担违约责任获得救济。王某和某水泥公司的行为不符合侵权损害赔偿责任的构成要件。张某要求王某和某水泥公司承担侵权责任，以及要求二者承担连带责任的诉讼请求，缺乏法律依据，法院不予支持。故裁定驳回张某的起诉。

## 55. 合同标的有质量瑕疵，买主能否要求退货？

《合同法》第153条规定："出卖人应当按照约定的质量要求交付标的物，出卖人提供有关标的物质量说明的，交付的标的物应当符合该说明的质量要求，这一义务被称为物的瑕疵担保义务。"质量要求是买卖合同的重要条款。出卖人交付的标的物应当符合约定的质量要求，否则，买受人可以依法请求出卖人承担违约责任。出卖人提供的有关标的物质量的说明，也是当事人对标的物质量要求的一种明示约定。

买卖双方如果在合同中对标的物的质量要求问题没有约定或者约定不明确时，首先要依照《合同法》第61条的规定予以确定。确定不了的，接着适用《合同法》第62条的有关一般性规定，即"质量要求不明确的，按照国家标准、行业标准履行；没有国家标准、行业标准的，按照通常标准或者符合合同目的的特定标准履行"。

　　质量不符合约定的，应当按照当事人的约定承担违约责任。对违约责任没有约定或者约定不明确，依照《合同法》第61条的规定仍不能确定的，受损害方根据标的的性质以及损失的大小，可以合理选择请求修理、更换、重做、退货、减少价款或者报酬。质量不符合约定，造成其他损失的，可以请求赔偿损失。

　　根据《合同法》第158条的规定，一般以买受人及时向出卖人通知标的物质量不合格为条件。买受人在订立买卖合同时知道或者应当知道标的物质量不合格的，不得向出卖人主张违反物的瑕疵担保义务的违约责任。买卖合同的当事人也可以通过约定免责条款的方式，在不违反法律的禁止性规定的情况下，预先免除出卖人违反物的瑕疵担保义务的违约责任。

　　◈生活实例1◈售出摩托车有故障，无法定事由出卖人须担责

　　林某从A公司买了一辆摩托车并办理了车牌证及保险手续。但在该车行驶仅260公里后，便出现了故障，车经常熄火。林某找到维修部维修，却没有效果，车仍无法正常使用。随后林某将该车送到质监部门检测，其结果为该车质量有问题。林某遂找到A公司，要求退货。A公司认为，该车出现故障是由于林某未按说明书操作造成的，因此不能退货。林某是否有权要求退货？

　　◈分析解答◈本案涉及的主要是出卖人的不适当履行责任及瑕疵担保问题。所谓不适当履行，是指出卖人卖出的货物不符合合同规定，除具有法定的免责事由外，出卖人均应负未按合同约定履行合同义务的违约责任，买受人则可以寻求各种违约的补救措施。A公司卖给林某的摩托车存在着质量瑕疵，A公司应当承担违约责任，即依林某请求退货、退款并支付林某为此支出的检验费。

　　◈生活实例2◈古玩买卖有规矩，看走眼风险自担①

　　原告马先生诉称，2004年他将自己收藏的三件古玩以两千余

────────────

　　① 李承曦：《古玩买卖有规矩　看走眼风险自担》，载北京法院网，http：//bjgy. chinacourt. org/public/detail. php？id＝71494。

元的价格卖给做古玩生意的被告王某，当时王某自称没钱便打下一张欠条，而且也没有对古玩提出其他问题，事后王某一直没有兑现欠条。2007 年 8 月，王某重新出具了欠条，对欠款内容再次进行了确认，但仍然没有兑现，所以马先生起诉要求王某履行欠条义务。被告王某辩称，其当时虽然出具了欠条但并不知道原告出售的三件古玩的真假。2007 年之前其发现这三件物品都是赝品，便让原告拿走，可原告不同意。王某认为原告出售赝品的行为是欺诈，所以不同意原告的诉讼请求。

法院审理后认为，古玩买卖不同于一般商品买卖，协商价格源于买卖双方的专业基础，双方以对古玩的专业认识对其价格进行协商并达成一致，应视为双方对古玩价格的认可。被告在收购时未提出异议，同时在发现物品为赝品后仍为原告出具欠条确认欠款事实，其应自行承担风险。最终，法院判决被告王某按欠条给付原告马先生价款 2100 元。

◈分析解答◈通常的买卖合同中，出卖人应当对产品的质量负瑕疵的担保责任，但在古玩市场有一定的特殊性，一般的惯例是买受人根据自己对古玩的认识决定是否买卖，出卖人一般不对古玩的真伪负担保责任。

## ❓ 56. 合同对交付地点没有约定的，如何履行？

出卖人应当按照约定的地点交付标的物。当事人没有约定交付地点或者约定不明确，合同生效后，当事人可以协商达成补充协议，不能达成补充协议的，按照合同有关条款或者交易习惯确定。通过交易习惯仍不能确定的，适用下列规定：（1）标的物需要运输的，出卖人应当将标的物交付给第一承运人以运交给买受人；（2）标的物不需要运输，出卖人和买受人订立合同时知道标的物在某一地点的，出卖人应当在该地点交付标的物；不知道标的物在某一地点的，应当在出卖人订立合同时的营业地交付标的物。

买受人应当按照约定的地点支付价款。对支付地点没有约定或者约定不明确，依照《合同法》第61条的规定仍不能确定的，买受人应当在出卖人的营业地支付，但约定支付价款以交付标的物或者交付提取标的物单证为条件的，在交付标的物或者交付提取标的物单证的所在地支付。

## 57. 买受人对标的物负有检验义务吗？

买卖合同的履行过程中，在出卖人交付标的物后，买受人应当对标的物进行检验。检验的目的是查明出卖人交付的标的物是否与合同的约定相符，因此它密切关系着买受人的合同利益，法律赋予了买受人检验标的物的权利。同时，买受人应当对交付的标的物及时检验，以确定标的物的质量状况，明确责任。《合同法》规定，买受人收到标的物时应当在约定的检验期间内检验。没有约定检验期间的，应当及时检验。同时，为使买受人能够正常地对标的物进行检验，出卖人应当有提供技术资料的义务。

买受人经检验，如果发现标的物的数量、品种、型号、规格、花色和质量不符合同规定，应当一面对标的物妥为保管，一面向出卖人发出异议通知。当事人约定检验期间的，买受人应当在检验期间内将标的物的数量或者质量不符合约定的情形通知出卖人。买受人怠于通知的，视为标的物的数量或者质量符合约定。当事人没有约定检验期间的，买受人应当在发现或者应当发现标的物的数量或者质量不符合约定的合理期间内通知出卖人。买受人在合理期间内未通知或者自标的物收到之日起两年内未通知出卖人的，视为标的物的数量或者质量符合约定，但对标的物有质量保证期的，适用质量保证期，不适用该两年的规定。出卖人知道或者应当知道提供的标的物不符合约定的，买受人不受上述通知时间的限制。

**◈生活实例◈收货与约定不符，未及时提出异议，后果自负**[1]

2007 年 5 月 18 日，个体工商户业主王先生与某公司达成口头协议，约定由王先生向某公司供应布基壁纸，面积为 4705 平方米。货款总价为 141150 元人民币。2007 年 5 月 29 日，王先生如约履行了供货义务。某公司现场安全员验收并收货后，向王先生出具收货单。根据约定，某公司收货后应一次性付清全款，但某公司至今未支付货款 141150 元。故王先生诉至法院，请求判令某公司给付货款 141150 元。

被告某公司辩称，2007 年 5 月 18 日与王先生签订了书面协议，双方不存在王先生所称的口头协议，该书面购销协议约定，由王先生供应定织壁布，不是布基壁纸。现王先生所供货物与书面协议约定不符，故不同意王先生的诉讼请求。

某公司为证明其与王先生之间存在的是壁布的买卖合同，向法院提供了一份 2007 年 5 月 18 日其与王先生签订的一份购销协议，协议中约定由王先生向某公司供应定织壁布 4705 平方米。某公司称 2007 年 5 月 28 日、29 日，王先生分两次向某公司提供了布基壁纸 99 卷，因王先生提供的货物不符合合同约定无法使用，某公司要求王先生取回或更换。除上述书面协议外，双方无任何其他交易行为。

经法院查明，某公司认可其未在收货后的合理期限内告知王先生。王先生则认可购销协议的真实性，认为其已履行了购销协议约定的供货义务，并提交了两张送货单，某公司对送货单的真实性无异议。综合上述情况，法院认定，王先生与某公司虽未签订书面买卖合同，但王先生依口头约定将货物送到某公司，某公司验收并签收货物的行为可视为在双方之间业已形成事实买卖关系，该买卖关系未违反国家法律规定，应属有效。某公司应将相应货款给付王先生。

---

[1] 周熙娜、朱宣烨：《收货与约定不符未及时提出异议　后果自负》，载北京法院网，http://bjgy. chinacourt. org/public/detail. php? id＝69403。

◈**分析解答**◈本案中，公司在收货后疏于检验，怠于提出质量异议，即使确实其收到的货物与其事先订立的协议的要求不符，也不能再以质量不符合要求为由拒付货款。

## ? 58. 分期付款买卖合同的权利义务有什么特点？

分期付款买卖，是指买受人将应付的总价款，在一定期间内分次向出卖人支付的买卖合同。分期付款买卖也是一种特殊买卖，其根本特征在于买受人在接受标的物后不是一次性支付价款，而是将价款分成若干份，分不同日期支付。分期付款买卖在某种意义上也属于一种赊购，但买受人在接受标的物之后，不是在一定期限内一次性地支付价款，而是在一定期限内分批次地支付。

分期付款买卖使买受人未支付全部价金即取得买卖标的物，出卖人未得到全部价金即需移转买卖标的物，出卖人存在不能取得全部价金的风险。因此，在分期付款买卖合同中出卖人为躲避风险，往往提出一些有利于自己的合同条款。当事人可以在买卖合同中约定保留标的物所有权的条款。一般来说这也是合理的，也是合同自愿原则的体现。然而，分期付款的买受人往往是弱者，其利益容易受到损害。因此，法律为了防止出卖人提出的这些条款过于苛刻，就应当规定出一定的限制，以保证当事人双方利益的平衡。

《合同法》规定，分期付款的出卖人只有在买受人未支付到期价款的金额达到全部价款的五分之一的，才可以请求买受人支付到期以及未到期的全部价款或者解除合同。法律对出卖人请求支付全部价款的特别约定的上述限制，属于法律强制性规定。当事人在合同中不得限制、排除或者违反这些限制，否则是无效的。在合同解除后，当事人双方应当将从对方取得的财产返还给对方，有过错的一方并应当赔偿对方因此而受到的损失。出卖人解除合同的，可以向买受人请求支付该标的物的使用费。如果标的物有毁损，那么出卖人当然还可以请求相应的损害赔偿。

## 59. 凭样品买卖合同的权利义务有什么特点?

凭样品买卖是按货物样品确定买卖标的物的买卖，出卖人交付的货物应当与当事人保留的样品具有相同的品质。凭样品买卖是一种特殊买卖，其特殊性表现在以货物样品来确定标的物。订货交易多采用凭样品买卖方式。

凭样品买卖是以样品来确定标的物的品质，凭样品买卖要求有样品存在，而且样品应当在订立合同时就存在。并且，当事人在买卖合同中应当约定以样品来确定标的物的品质，或者写明"凭样品买卖"等表明凭样品买卖的意思。如果出卖人先向买受人提示样品，而后双方订立合同时未明确表明进行的是凭样品买卖，则双方不成立凭样品买卖。所以，按照商店中摆列商品购物不属于货样买卖。

凭样品买卖的特点，是要求出卖人担保交付的买卖标的物与货样有同一品质。如果出卖人未履行这项义务，买受人不但可以要求其承担违约责任，并且买受人可以单方解除合同。为了检验买卖标的物是否与货样品质相同，通常采取封存货样的办法，以待验证。

凭样品买卖的买受人不知道样品有隐蔽瑕疵的，即使交付的标的物与样品相同，出卖人交付的标的物的质量仍然应当符合同种物的通常标准。如果出卖人明知该瑕疵而故意隐瞒，可以构成对买受人的欺诈。

## 60. 什么是试用买卖合同?

试用买卖是一种附条件的买卖，指当事人双方约定由买受人试用或者检验标的物，以买受人认可标的物为条件的买卖合同。试用买卖为一种特殊的买卖，与一般买卖相比，有其特殊性:

（1）试用买卖约定由买受人试用或者检验标的物

出卖人有义务在买卖合同成立前将标的物交付给买受人试用或者检验。如将标的物交给买受人试用或者试穿等。出卖人许可买受人试用或者检验标的物，是成立试用买卖合同的一个基本条件。

（2）试用买卖以买受人认可标的物为生效条件的买卖

试用买卖合同经当事人双方意思表示一致而成立。但该种合同对买卖权利义务关系的发生附有买受人认可标的物的生效条件，也就是说，买受人的认可是条件成就，买卖合同生效；买受人拒绝，则条件不成就，买卖合同不发生效力。买受人认可的，须向出卖人作出同意接受标的物的意思表示。其方式可以是口头的，也可以是书面的，但试用期间届满，买受人对是否购买标的物未作表示的，视为购买。

标的物的试用期间是试用买卖合同中的重要条款，合同当事人当然可以对标的物的试用期间进行约定。如果当事人在试用买卖合同中对试用期间没有约定或者约定不明确，当事人双方可以协议补充；双方不能达成补充协议的，按照试用买卖合同中的有关条款进行确定；仍然无法确定的，按照交易习惯确定。如果此时还不能确定，就由出卖人来确定试用的期间。

◈**生活实例**◈试用买卖期间届满，不买也无须支付费用

某商场在促销活动期间贴出醒目告示："本商场家电一律试用20天，满意者付款。"李某从该商场搬回冰箱一台，试用期满后，商场要求李某支付使用费100元。李某是否应给商场钱？

◈**分析解答**◈在试用期间内，试用人决定不购买该产品的，该买卖合同不发生效力。试用人应负返还标的物的义务。因用于试用而造成产品的自然损耗，由出卖人承担。由于不可归责于出卖人和试用人的原因导致标的物毁损、灭失的，当事人之间如没有特别约定或特殊的交易习惯，由标的物的所有权人负担损失。依据试用买卖理论，即使买受人拒绝购买，出卖人也不得要求买受人支付试用期间的使用费，除非当事人已达成相关约定。

# 第三章　赠与合同纠纷

## 61. 什么是赠与合同？

赠与合同是赠与人将自己的财产无偿给予受赠人，受赠人表示接受赠与的合同。赠与合同的特点有如下几个方面：

（1）赠与是一种合意，是双方的法律行为。赠与合同虽为单务、无偿合同，但也需有当事人双方一致的意思表示才能成立。如果一方有赠与意愿，而另一方无意接受该赠与的，赠与合同不能成立。在现实生活中，也会出现一方出于某种考虑而不愿接受对方赠与的情形，在此情况下，赠与合同即不成立。

（2）赠与合同是转移财产所有权的合同。赠与合同是以赠与人将自己的财产给予受赠人为内容的合同，是赠与人转移财产所有权于受赠人的合同。

（3）赠与合同为无偿合同。在赠与合同中，仅由赠与人无偿地将自己的财产给予受赠人，而受赠人取得赠与的财产，不需向赠与人偿付相应的代价。

（4）赠与合同是单务合同。在一般情况下，赠与合同仅由赠与人负有将自己的财产给予受赠人的义务，而受赠人并不负有义务。在附义务的赠与中，赠与人负有将其财产给付受赠人的义务，受赠人按照合同约定负担某种义务，但受赠人所负担的义务并非赠与人所负义务的对待给付。

（5）赠与合同为诺成合同。诺成合同指当事人之间意思表示一致，即能成立的合同。它以当事人的合意为成立要件。合同法的规定表明赠与合同为诺成合同，当事人意思表示一致时即成立，而无论其是以口头形式还是书面形式订立的，也无论赠与的财产是否交付。诺成合同与实践合同相对应，实践合同是指除当事人间的意思表示一致以外，还需交付标的物才能成立的合同。它以当事人的合意和交付标的物为成立要件。

（6）赠与合同为不要式合同，法律没有要求必须具备特定的形式的合同。赠与合同既可采用口头形式，又可采用书面形式或者在合同订立后办理公证证明。无论采用何种形式，也无论是否经过公证，都不影响赠与合同的成立。

**❀生活实例❀女友购车男友付款，分手后诉返还被驳①**

原告石先生表示，2008年2月19日，他应赵小姐之邀一同去买车，并为其支付了购车款260296元，但随后赵小姐以各种理由推托不予还款。今年5月，石先生以民间借贷为由索款，被法院驳回。9月，石先生再次以不当得利为由诉至法院，要求赵小姐归还其垫付的购车款。赵小姐则表示，石先生虽然支付了购车款，但当时她与赵先生是情侣关系，涉案车辆是石先生赠与的，现赠与行为没有法定的撤销事由，不属于不当得利，故不同意退还。庭审中，为证明赠与关系，赵小姐特别出示了三份录音证据。石先生认可录音的真实性，但否认曾有赠与的意思表示。

法院经审理认为，根据赵小姐提供的三份录音证据，并综合考虑石先生为赵小姐支付购车款时双方系情侣关系、石先生陪同赵小姐去购车并自愿为其支付购车款、双方作为情侣期间经常互赠礼物以及双方的经济能力等因素，可以认定双方之间成立赠与合同关系。现石先生不能证明存在法定撤销事由，故其诉讼请求不予支持。综上，法院再次驳回了石先生的诉讼请求。

**❀分析解答❀**法律没有要求赠与合同的成立必须具备特定的形

---

① 原静：《女友购车男友付款　分手后诉返还被驳》，载北京法院网，http：//bj-gy. chinacourt. org/public/detail. php？id＝72870。

式，日常生活中存在的赠与合同许多都是以口头形式存在的。在判断日常生活中的某一行为的性质时，不能看其是否具有合同的形式，而是要看这种行为的属性是什么，是否构成赠与合同。本案中的双方当事人存在特定的关系，在石先生付款时并没有明确是垫付，事后也没有及时地主张要求对方偿还，在双方特定关系终止后再主张是垫付行为，在没有其他证据支持的情况下，很难获得法律的支持。

## ❓ 62. 赠与可以附义务吗？

根据《合同法》的规定，赠与可以附义务，赠与附义务的，受赠人应当按照约定履行义务。

附义务的赠与是指以受赠人对赠与人或者第三人为一定给付为条件的赠与，也即使受赠人接受赠与后负担一定义务的赠与。附义务的赠与不同于一般的赠与，而属一种特殊的赠与。一般情况下，在赠与人履行了赠与义务后，才发生受赠人义务的履行问题，但当事人另有约定的也无不可。履行赠与所负的义务，依照当事人的约定，可以是作为，也可以是不作为。

赠与人向受赠人给付赠与财产后，受赠人应依约履行其义务。受赠人不履行的，赠与人有权要求受赠人履行义务或者撤销赠与。赠与人撤销赠与的，受赠人应将取得的赠与财产返还赠与人。

◈**生活实例**◈搞促销商家"买一送一"，赠品质量须保证[1]

2008 年 2 月初，张某看见某电脑商家"买一送一"的承诺后，即向该商家购买了一台品牌液晶显示器，并得到该商家购送的价值160 元的 U 盘。回家后，张某通过网络信息查询，发现所赠 U 盘本身的产地与其外包装不符，便与该商家磋商，要求更换与其所赠 U 盘外包装相符的 U 盘或依法赔偿，遭到拒绝。

---

① 王爱东、沈波：《搞促销商家"买一送一" 消费者为赠品维权胜诉》，载中国法院网，http://www.chinacourt.org/public/detail.php? id =334172。

多次协商无果，张某诉至法院，要求该商家给付正版 U 盘。该公司辩称 U 盘是原告购买显示器的受赠品，此 U 盘为次品，不是我方的责任，因而无须更换。若是显示器有瑕疵，其立刻更换。根据案情实际需要，法院准许了原告作鉴定的申请，鉴定结果表明该赠品 U 盘为次品。

法院经审理认为，该公司与张某就 U 盘而发生的关系为赠与合同法律关系。公司为赠与人，张某为受赠人，赠与物为 U 盘。张某向该公司购买了显示器，U 盘虽系商家赠品，但实际上是张某向商家购买显示器时的附加条件，即商家附属义务，张某虽没有付 U 盘款给商家，但付款义务已经转移到商家赠与前提条件的商品（即显示器）中。故商家应承担由赠品 U 盘带来的民事责任，即更换或赔偿。据此，法院判决被告某公司给付原告张某正版 U 盘和鉴定费用 50 元。

◈**分析解答**◈ "买一赠一"之类的促销行为不是纯粹的无偿赠与，消费者按要求购物，实际上就是与经营者达成了"买一赠一"的合同。这一合同成立后，经营者有义务提供赠品并保证赠品的质量符合标准。

在赠与合同中，赠品出现瑕疵时，依赠与合同的规定，赠与人一般不承担瑕疵担保责任。但本案中商家主张该项赠送 U 盘的行为为赠与，与事实不符。购物赠物活动是在受赠人（买方）履行其义务（购买商品）后，赠与人（商家）才履行赠与义务。在购物赠物的活动中，表面上商家是无偿地赠送物品，事实上它已经从顾客的购物活动中获得了足以弥补其赠送物品价值的利益。因而，此处的赠与和纯粹的无偿的赠与有所不同。对于赠品的瑕疵赠与人应承担责任。

## ❓ 63. 赠与人可以要求撤销赠与合同吗？

根据《合同法》的规定，赠与合同成立后，赠与财产的权利转移之前，赠与人可以根据自己的意思撤销赠与。对赠与的撤销有如下限制：

（1）赠与的财产已转移其权利的，赠与人不得任意撤销赠与。如果赠与的财产一部分已交付并已转移其权利，任意撤销赠与仅限于未交付并未转移其权利的部分，以维护赠与合同当事人双方权利义务关系的稳定。

（2）赠与合同订立后经公证证明的，赠与人不得任意撤销。

（3）具有社会公益、道德义务性质的赠与合同，不论当事人以何种形式订立，不论是否经过公证，也不论赠与的财产是否已转移其权利，赠与人均不得任意撤销。具有社会公益性质的赠与，主要是指为了救灾、扶贫、助学等目的或为了资助公共设施建设、环境保护等公共事业所为的赠与。此类赠与的公益性质，决定了赠与人不得任意撤销赠与。履行道德义务的赠与，由于当事人之间有着道义上的因素，如果允许赠与人任意撤销，则与道义不符。因此，此类的赠与也不得由赠与人任意撤销。

**◈生活实例◈普通赠与人反悔，赠与合同无须继续履行**[①]

2008 年 12 月 3 日，张某与王某签订赠与合同，合同约定：张某将其所有的索尼相机于 2008 年 12 月 31 日前无偿赠与王某。12 月 26 日，张某的儿子从国外回来，张某遂决定不再将索尼相机赠给王某。今年春节，王某找张某要求其履行赠与合同，张某以其儿子回来为由声明赠与合同作废。王某认为张某拒绝履行合同不当。请问，张某是否应继续履行赠与义务？

**◈分析解答◈**《合同法》第 186 条规定："赠与人在赠与财产的权利转移之前可以撤销赠与。具有救灾、扶贫等社会公益、道德义务性质的赠与合同或者经过公证的赠与合同，不适用前款规定。"张某与王某签订的赠与合同不具有社会公益、道德义务性质也未经过公证，故张某无须继续履行赠与义务，王某也无权要求张

---

① 王一、王春旭：《赠与人反悔，赠与合同应否继续履行?》，载北京法院网，ht-tp：//bjgy. chinacourt. org/public/detail. php? id =77220。

某继续履行赠与义务。

## 64. 赠与人不交付赠与财产应当承担违约责任吗?

将赠与的财产按照赠与合同约定交付受赠人并转移其所有权,是赠与人的义务。赠与人不交付赠与财产是否构成违约行为,并承担违约责任,应当依照赠与目的和赠与合同是否经过公证来区分。依照合同法的规定,一般的赠与合同,赠与人在转移赠与财产的权利之前可以撤销赠与,对这类赠与合同,赠与人不给付赠与财产的,受赠人也就不能请求赠与人给付赠与的财产,赠与人不承担违约责任。具有救灾、扶贫等社会公益、道德义务性质的赠与合同或者经过公证的赠与合同,因其不得任意撤销,在赠与人迟延履行或者不履行给付赠与财产的义务时,即为违约行为,应当承担违约责任,受赠人可以请求赠与人给付赠与的财产,赠与人仍不为给付的,受赠人可以向人民法院起诉,要求其履行赠与义务。

由于赠与合同为单务合同,仅由赠与人单方承担义务,当赠与人不履行交付赠与财产的义务时,其责任也应当有所限制,而不像一般双务合同那样,在履行给付义务时还应当支付迟延利息或者赔偿其他损失。合同法规定的赠与人不交付赠与的财产的,受赠人可以请求交付,即不包括迟延利息和其他损害赔偿,而仅限于赠与财产的本身。

❖**生活实例**❖ 公证赠房不能撤销[①]

原告姚某诉称,1993年被告马某将其名下私产无偿赠与原告,并办理了公证。后原告多次催促马某协助办理产权过户手续,均遭到拒绝,现诉至法院要求被告马某履行赠与相关义务,协助原告办理房屋过户手续。

❖**分析解答**❖ 《合同法》第186条规定:"赠与人在赠与财产

① 邹冉:《赠房不协助过户 受赠人诉上法庭》,载北京法院网,http://bjgy. chinacourt. org/public/detail. php? id = 77255。

的权利转移之前可以撤销赠与。具有救灾、扶贫等社会公益、道德义务性质的赠与合同或者经过公证的赠与合同，不适用前款规定。"张某与姚某签订的赠与合同经过了公证，故马某不能撤销赠与合同，其未履行过户义务应负违约责任，即应履行办理房屋过户的义务。

## 65. 在何种情形下，赠与人具有法定撤销权？

赠与合同的法定撤销，是指赠与合同成立后，在具备法律规定的情形时，撤销权人可以撤销赠与。赠与人的撤销权，自知道或者应当知道撤销原因之日起一年内行使。撤销权人撤销赠与的，可以向受赠人要求返还赠与的财产。

赠与的法定撤销与任意撤销的不同点在于：第一，撤销赠与须依法律规定的事由；第二，只要具备法定事由，不论赠与合同以何种形式订立以致经过公证证明，不论赠与的财产是否已交付，也不论赠与是否属于社会公益和道德义务性质，享有撤销权的人均可以撤销赠与。

根据《合同法》的规定，受赠人有下列情形之一的，赠与人可以撤销赠与：

（1）严重侵害赠与人或者赠与人的近亲属。其要点在于：一是受赠人实施的是严重侵害行为，而不是轻微的、一般的侵害行为。二是受赠人侵害的是赠与人本人或其近亲属，包括配偶、直系亲属（父母、子女、祖父母、外祖父母、孙子女、外孙子女等）、兄弟姐妹。如果侵害的是其他亲友则不在此列。

（2）对赠与人有扶养义务而不履行。其要点在于：一是受赠人对赠与人有扶养义务。二是受赠人对赠与人有扶养能力，而不履行对赠与人的扶养义务。如果受赠人没有扶养能力或者丧失了扶养能力的，不产生赠与人撤销赠与的权利。

（3）不履行赠与合同约定的义务。其要点在于：一是赠与合同约定了受赠人负有一定的义务。二是赠与人已将赠与的财产交付于受赠人。三是受赠人不履行赠与合同约定的义务。在附义务的赠与中，受赠人应当依约定履行其所负义务。在赠与人向受赠人交付了赠与的财产后，受赠人如不依约履行其义务，赠与人可以撤销赠与。

在特定的情形下，赠与人的继承人或者法定代理人也具有法定撤销权。即因受赠人的违法行为致使赠与人死亡或者丧失民事行为能力的，赠与人的继承人或者法定代理人可以撤销赠与。赠与人的继承人或者法定代理人的撤销权，自知道或者应当知道撤销原因之日起六个月内行使。

**❋生活实例❋儿子不尽赡养义务，父母起诉撤销房屋赠与**①

孙某与老伴岳某均已年逾80，二人共生育三个儿子。为了家庭和睦，避免兄弟间因房产起纠纷，孙某通过赠与的方式将老两口共有的八间房屋分别赠与三个儿子。赠与协议同时约定，三个儿子应按时给付父母赡养费，并平均负担医疗费。现第一被告和第三被告不按时给付赡养费，也不负担医疗费，违反了赠与协议中所附的赠与条件，且赠与协议没有征得岳某的同意，侵害了岳某的财产权利，因此，二人在伤心之余将三个儿子诉至法院，要求撤销孙某与三被告签订的赠与合同。

**❋分析解答❋**本案中的受赠人即孙某、岳某的三个儿子不履行赠与合同约定的义务，是《合同法》第192条规定的情形之一，符合赠与人行使法定撤销权的构成要件，这时赠与人即孙某、岳某可以请求法院撤销其与受赠人即孙某、岳某的三个儿子的赠与合同，法院应予支持。

## 66. 什么情形下，赠与人可以不再履行赠与义务？

根据《合同法》第195条的规定，赠与人的经济状况显著恶

---

① 杨畅：《儿子不尽赡养义务　父母起诉撤销房屋赠与》，载北京法院网，http://bjgy.chinacourt.org/public/detail.php?id=64491。

化，严重影响其生产经营或者家庭生活的，可以不再履行赠与义务。这一规定表明，在赠与合同订立后或者赠与人已经部分履行赠与义务后，赠与人的经济状况显著恶化，严重影响其生产经营或者家庭生活的，赠与人可以不再履行赠与合同约定的赠与义务或者不再履行赠与合同约定的但尚未履行的部分赠与义务。赠与人不再履行赠与义务，应当符合本条规定的法定条件：一是经济状况显著恶化，是发生在赠与合同成立之后，而不是成立之前。如果自身的经济状况本已十分不好，仍向他人表示赠与意思，实际上其赠与的意思表示多无诚意，赠与合同也无履行基础。二是经济状况显著恶化，致使严重影响企业的生产经营，或者使个人的家庭生活发生困难，不能维持自己的正常生计，不能履行扶养义务等。符合上述条件的，不论赠与合同以何种方式订立，不论赠与的目的性质如何，赠与人可以不再履行尚未履行的赠与义务。

需要指出的是，在赠与合同履行或者部分履行后，赠与人的经济状况显著恶化，严重影响其生产经营或者家庭生活时，不能请求适当返还赠与的财产。

### 67. 赠与财产毁损灭失的，赠与人有责任吗？

在因赠与人故意或者重大过失导致赠与的财产失去功效或者不复存在，而致使履行不能时，赠与人可以免除交付赠与财产的义务，但应当承担给受赠人带来的其他损失的赔偿责任。

### 68. 赠与物质量有问题怎么办？

根据《合同法》第191条规定，"赠与的财产有瑕疵的，赠与人不承担责任。附义务的赠与，赠与的财产有瑕疵的，赠与人在附义务的限度内承担与出卖人相同的责任。赠与人故意不告知瑕疵或者保证无瑕疵，造成受赠人损失的，应当承担损害赔偿责任"。因此，在我国法律上，赠与人对于赠与物原则上不承担瑕疵担保责任，即赠与合同生效后赠与人对于赠与物的瑕疵不承担任何责任。当然，法律列举的几种情况下，赠与人是要承担瑕疵担保责任的：（1）对于附义务的赠与，赠与人在附义务的限度内承担与出卖人相同的瑕疵担保责任；（2）赠与人故意不告知瑕疵或保证无瑕疵，造成受赠人损失的，应当承担损害赔偿责任。

# 第四章　借款合同纠纷

## 69. 什么是借款合同？

　　借款合同是贷款人向借款人提供借款，借款人到期返还借款，并向贷款人支付利息的合同。《合同法》规范的借款合同主要调整两部分内容，一部分是金融机构与自然人、法人和其他组织的借款合同关系，另一部分是指自然人之间的借款合同关系，其中以金融机构与自然人、法人和其他组织之间的合同关系为主。金融机构与自然人、法人和其他组织的借款合同是书面诺成合同，当事人意思表示一致达成书面协议，合同就成立，借款合同的内容包括借款种类、币种、用途、数额、利率、期限和还款方式等条款。自然人之间的借款合同是实践合同，贷款人提供贷款时合同生效，而且自然人之间也可以协商采用口头形式订立合同。

　　订立借款合同，借款人应当按照贷款人的要求提供与借款有关的业务活动和财务状况的真实情况。贷款人和借款人还可以在合同中约定，贷款人有权检查、监督贷款的使用情况。借款人未按照约定的借款用途使用借款的，贷款人可以停止发放借款、提前收回借款或者解除合同。

　　向贷款人支付利息是借款人的主要义务，借款人不仅应当按照约定的数额支付利息，而且还应当在约定的期限向贷款人支付。支付利息期限的方式有多种，当事人既可以约定在借款期限届满时和本金一并支付，也可以约定在借款期间内分批向贷款人支付。在当事人对支付利息的期限没有约定或者约定不明确的，当事人可以就支付利息的期限进行协议补充；不能达成协议的，则依据合同其他条款或者双方当事人之间的交易习惯来确定。如果依据以上原则仍不能确定支付利息的期限，那么，借款人按照以下规定的期限向贷款人支付利息：借款期间不满一年的，应当在返还借款时一并支付；借款期间一年以上的，应当在每届满一年时支付，剩余期间不满一年的，应当在返还借款时一并支付。

按照合同约定的期限返还借款是借款人的一项主要义务。当事人未约定还款期限的，当事人可以就还款期限一事进行协商，达成补充协议。对于不能达成补充协议的，可以按照合同有关条款或者当事人之间的交易习惯来确定。如果按照以上规定依然不能确定的，那么，借款人可以随时返还借款。贷款人也有权向借款人发出催告，要求其在合理的期限内返还借款。

借款人未按照约定的期限返还借款的，应当按照约定或者国家有关规定支付逾期利息。当事人可以在合同中对逾期利息的问题作出约定，这种约定既可以是自然人之间对是否收取逾期利息或者逾期利率为多少的约定，也可以是金融机构与借款人在国家规定的幅度内对逾期利率的确定。如果金融机构借款时，没有对逾期利率作出约定的，那么，金融机构按照国家有关规定的利率向借款人收取逾期利息。

## ❓ 70. 订立借款合同，贷款人可以要求借款人提供哪些担保？

根据担保法的规定，在借款合同中贷款人可以要求借款人采取以下担保方式：

（1）保证。保证是指保证人与贷款人约定，当借款人不履行债务时，保证人按照约定履行债务、承担责任的行为。保证的方式主要有两种：一是连带责任保证，即贷款人和保证人约定，借款人在借款期限届满没有履行债务的，贷款人可以要求借款人履行债务，也可以要求保证人在其保证范围内承担保证责任。二是一般保证，即贷款人和保证人约定，在借款人经审判或者仲裁，并就借款人财产强制执行仍不能履行债务时，保证人承担保证责任。

（2）抵押。是指借款人或者第三人不转移法律规定的财产的占有，将该财产作为债权的担保。在借款人不履行债务时，贷款人有权依法将该财产折价或者以拍卖、变卖该财产的价款优先受偿。抵押物的范围应当是依法可以转让的财产，抵押合同应当办理登记，抵押合同自登记之日起生效。

（3）质押。包括动产质押和权利质押。动产质押是指借款人或者第三人将其动产移交贷款人占有，以该财产作为债权的担保，借款人不履行债务时，贷款人有权以该动产折价或者以拍卖、变卖的价款优先受偿。权利质押是指转让所有权以外的财产权作为质押的担保方式。以下权利可以设定质押：汇票、支票、本票、债券、存款单、仓单、提单；依法可以转让的股份、股票；依法可以转让的商标专用权、专利权、著作权中的财产权等权利。

## 71. 贷款人可以将利息预先扣除吗？

在订立借款合同时，贷款人往往处于相对优势的地位，现实中有的贷款人为了确保利息的收回，在提供借款时就将利息从本金中扣除，造成借款人借到的本金实质上为扣除利息后的数额。比如，借款人向贷款人借款1万元，到期应当向贷款人支付的利息为1000元，贷款人在提供借款时就直接将利息扣除，仅向借款人支付9000元借款，但实际上还是将1万元视为本金，并按1万元收取利息。这种做法损害了借款人的合法利益，使借款人实际上得到的借款少于合同约定的借款数额，影响了其资金的正常使用，加重了借款人的负担，也容易引起借款合同双方当事人的纠纷。为此，《合同法》明确规定，贷款人在提供借款时不得预先将利息从本金中扣除。如果贷款人违反法律规定，仍在提供借款时将利息从本金中扣除的，那么，借款人只需按照实际借款数额返还借款并计算利息。

## ❓ 72. 借款人提前偿还借款如何计息？

在借款合同中，一般对偿还借款的期间都有明确的规定，借款人应当按照约定履行合同。但是有的情况下，因情况变化，借款人在合同履行期间不需要所借的资金，出现借款人提前偿还借款的情况。提前还款应当按照以下原则确定双方的权利和义务：首先，当事人在合同中对提前还款有约定的，按照约定确定是否经贷款人同意及利息如何计算等问题。其次，当事人在合同中对提前还款没有约定的，提前还款的利息按照实际借款期间计算。

## ❓ 73. 民间借贷的特点是什么？

自然人之间的借款合同与金融机构作为主体的借款合同有所区别。其中最主要的一点就是自然人之间的借款合同是实践合同，该合同仅有双方当事人的合意不能成立，必须要有实际的交付行为，即合同是在出借人提供借款时生效。因此，无论当事人的合同采取的是口头形式还是书面形式，合同都是在贷款人实际交付贷款时生效。自然人之间借款一般都属于互助性质的，无息的情况居多，当事人在借款活动中关注的是借款这一事实能否被证明，因而对合同的形式并不注意。大多数情况是口头约定借款，一手交钱，另外再写一个借据，有的甚至借据也没有，形式上比较简单。即使当事人采用了书面形式，出借人不支付借款的，也不宜要求其必须支付，否则会给出借人增加过重的责任。所以，自然人之间借款的，自出借人交付借款时生效，有利于确定当事人的权利和义务，减少纠纷的发生。

**◈生活实例1◈无借条被指口说无凭，谈话录音成定案依据①**

张某和王某系同村村民，二人平素关系交好。2008年1月，王某的儿媳临产急需用钱，于是王某打电话向张某借款，并承诺尽快偿还。张某考虑到二人关系不错，便借给王某1万元，但并未让王某出具借条。王某表示3月自己存款到期后偿还该笔借款。事后，张某多次找到王某要求其偿还借款，但均被其以各种理由予以拒绝。在张某的一再催促下，最后王某以无借条为由拒不承认借款的事实。此后，张某带着录音设备找到张某讨要欠款，并将两人的谈话予以录音。录音谈话中王某承认了借款的事实，但仍以各种理由拒不还款。无奈之下，张某一纸诉状将王某诉至法院，要求其偿还欠款1万元。

庭审过程中，张某向法庭提供了二人的谈话录音并提供了相关的证人证言。王某亦对谈话录音表示认可，但仍然辩称该笔钱款也不是借款，要是借款肯定予以偿还。

法院经审理后认为，合法的借贷关系应该受到法律保护。本案张某借款给被告王某1万元的事实清楚，根据张某提供的录音的内容，结合张某提供的证人证言予以佐证，可以认定双方存在债权债务关系。王某向张某借款，理应及时偿还，不应拖欠，张某要求王某偿还借款之诉讼请求，理由正当，证据充分。据此，法院判决王某偿还张某借款1万元。

**◈生活实例2◈仅凭录音难以打赢借贷官司②**

甲在诉讼中称，1997年，其堂弟乙向其借款10万元，用于做生意，至今未还。虽未出具欠条，但有双方通话的录音材料为证。

被告乙否认向甲借款，并对甲提供的录音材料的完整性提出异议。经被告申请，法院委托公安部物证鉴定中心进行了鉴定。鉴定

① 徐征征、代祖勇：《无借条被指口说无凭 谈话录音成定案依据》，载北京法院网，http://bjgy.chinacourt.org/public/detail.php?id=77997。

② 刘洋：《仅凭录音难以打赢借贷官司》，载北京法院网，http://bjgy.chinacourt.org/public/detail.php?id=54904。

结论，检材 A 面指定的 5 段录音未发现剪辑现象。

法院经审理认为，原告提供的录音材料内容不能表明原、被告之间存在借贷关系。根据法律规定，当事人对自己提出的诉讼请求所依据的事实或者反驳对方诉讼请求所依据的事实有责任提供证据加以证明。没有证据或证据不足以证明当事人的事实主张的，由负有举证责任的当事人承担不利后果。本案中，根据原告提交的现有证据不能证明双方之间存在借贷关系，因此法院判决驳回原告的诉讼请求。

◈**分析解答**◈这两个案例反映出民间借贷中经常出现的一种纠纷，即借钱后不承认的现象，由于民间借贷通常没有书面的借贷合同，也没有证人予以证明，所以如果借款人不出具借条或欠条，又不承认借款的事实，出借人将很难通过法律途径获得保护。因此，出借人往往会以录音的方式获取相应的证据，但这种证据本身有一定的缺陷，容易被篡改，也难以通过对话的方式陈述清楚整个借款的事实，在司法实践中不一定能达到出借人希望的目的。当然，录音的方式获得的证据本身也是为法律所认可的，只不过其证明力有一定的局限性，如果出借人能够配合其他证据使用，将会强化其证明力，有利于借款事实的证明。

## ❓ 74. 向朋友借钱时没有约定利息，是否应支付利息？

自然人之间借款的不一定都要支付利息，当事人可以约定支付利息，也可以约定不支付利息。当事人对利息没有约定或者约定不明确的，视为无息借款，借款人可以不向贷款人支付利息。公民之间的定期无息借贷，出借人要求借款人偿付逾期利息，或者不定期无息借贷经催告不还，出借人要求偿付催告后利息的，可参照银行同类贷款的利率计息。

自然人之间的借款合同约定支付利息的，借款的利率不得违反国家有关限制借款利率的规定。1991 年最高人民法院公布的《关于人民法院审理借贷案件的若干问题》中对民间借贷的问题作出了规定，明确民间借贷可以适当高于银行的利率，各地人民法院可根据本地区的实际情况具体掌握，但最高不得超过银行同类贷款利率的四倍（包含利率本数）。超过此限度的，超出部分的利息不予保护。近些年来，我国在司法实践中对高利借贷行为的认定也是依据该规定处理的，因此，在没有新规定的情况下，自然人之间借款的利率的确定不得违反最高人民法院的有关规定。

出借人不得将利息计入本金谋取高利。审理中发现债权人将利息计入本金计算复利的，其利率超出第六条规定的限度时，超出部分的利息不予保护。

❋**生活实例**❋未约定利息，视为不支付利息

2006年，张某为开办养猪场向李某借款10万元，没有约定利息。2008年，养猪场获利。张某归还借款时，李某要求支付3万元的利息，请问，张某应否支付利息？

❋**分析解答**❋《合同法》第211条规定："自然人之间的借款合同对支付利息没有约定或者约定不明确的，视为不支付利息。自然人之间的借款合同约定支付利息的，借款的利率不得违反国家有关限制借款利率的规定。"据此，张某与李某二人在借款时没有约定利息，故张某不必支付利息。

## ？ 75. 欠条、收条应该怎么写？

在日常生活往来中，人们经常会书写欠条、收条等字据，这些字据相当于一纸合同，它们是日后主张权利和避免纠纷的凭证。实践中往往因为欠条、收条等书写不规范，导致许多争议发生。"空口无凭，立据为证"，出、借方要尽量书写相关字据作为书面证据妥善保存。一般来说，欠条、收条的书写应当注意以下几个方面：

（1）内容完整、清晰

一个完整的欠条主要包括四个要件：债权人、债务人、欠款内

容以及归还时间，当然还包括签名及时间等内容；收条则应包括五个要件：交纳人、收取人、交付理由、交付内容以及交付时间。

（2）形式注意事项

书写字据，字里行间，不宜有空格空行，否则容易被持据人增写其他内容。

不要用易褪色、变色的笔水书写，钢笔最好用黑墨水或者蓝黑墨水，黑色水笔亦可。若用圆珠笔或其他易褪色的墨水写字据，遭遇保存不当受潮或水浸时，字迹会变得模糊不清，亦可能为别有用心者利用化学制剂涂改制造良机。

（3）金额应写清楚

借款、还款，借物、还物，皆应写清楚金额、数量，最好使用大写数字，以防止涂改和伪造。涉及数字部分，宜用大写，大小写兼而有之当然更好，防止持据人添加数字或修改。

（4）内容表述要清晰明了

语句不可大意，顺序不能颠倒，不要把"欠条"变为"借条"。比如最常用的"还"字，就容易引起争议，"还"字的有两个读音，既可理解为"huan，归还"，又可解释为"hai，尚欠"，意思截然相反，在使用该字时必须写清楚，宁可多写几个字，也要把本意表达清楚。如李三借钱给张四人民币 1 万元，张四立字据"今收李三人民币 1 万元整。张四。某年某月某日"，如此，极易引发争议，争议点在"收"字上，这个"收"既可以理解为"张四收到李三的还款人民币 1 万元整"，又可理解为"张四收到李三的借款人民币 1 万元整"，收到的是借款还是还款，难以分清，容易起争议。

（5）签名盖章不可小视

署名要署真名，化名、代号、名字谐音都不规范，最好以身份证上姓名为准，免得引发纠纷。单位应注明单位名称，最好能盖单位公章。法定代表人签字亦可，若为其他人，应盖单位公章。实践中发生很多纠纷都是单位的工作人员签字，最后单位否认有该员工。

### ❖生活实例1❖未约定还款时间的借条有效吗？

2007年8月1日，小李向王某借款5万元，并写了书面的借条，但是在借条中未约定利息，也没有约定还款期限。这个借条有效吗？

❖**分析解答**❖我国《合同法》第210条规定："自然人之间的贷款合同，自贷款人提供贷款时生效。"因此，此借款合同自小李向王某借款时生效。但《合同法》第207条规定："借款人未按照约定的期限返还贷款的，应当按照约定或者国家有关规定支付逾期利息。"因此，如果王某催告，小李仍不还款，则王某是有权主张逾期利息。自然人之间的借款在未约定还款期限的情况下，对还款期限的确定可以协议补充，不能达成补充协议的，按照合同法相关条款或者交易习惯确定，仍不能确定的，贷款人可催告借款人在合理的期限内返还。

### ❖生活实例2❖没有相反证据，借条不能推翻①

原告王女士诉称，2001年，原告将人民币1万元借给被告李先生，李先生写下了借条，双方未约定还款日期。原告多次催要，被告以种种理由推托，至今未归还欠款。被告李先生辩称，原告提交的借条是自己写的，但是自己未从王女士那里拿到现金。当时，两人处于恋爱阶段，双方父母也认可两人的交往。某天，王女士要买首饰，李先生没有钱，就让王女士用自己的钱买，但是当时李先生说这个钱算是向王女士借的，并且在公园里给王女士写了借条。后来因为其他原因，两人未能登记结婚而各自成家。对于这一主张，李先生未能提供相应证据。法院经审理进行了调解，被告同意给付原告现金1万元。

❖**分析解答**❖本案中原告方提供了借条原件，被告虽然否认从原告处拿到现金，但是未能提供相应的证据支持自己的主张，要承担举证不能的法律后果。

---

① 陈国君：《没有相反证据　借条不能推翻》，载北京法院网，http：//bjgy. chinacourt. org/public/detail. php？id＝55775。

## 76. 欠条、收条与借条的差别有哪些？

在日常生活中最常见的凭证有三种：欠条、收条与借条。虽然只有一字之差，但它们的法律含义则存在着较大的差异。名称虽然不是认定法律关系的唯一决定性因素，但它在纠纷产生时，对于判断双方当事人的责任具有极大的影响。

欠条和借条都是债权债务关系的证明，而收条则不仅仅证明债权债务关系的存在，还能够作为合同履行的证明，如卖方收到货款时出具的凭证。在这两种情形中，持有收条的一方是无权要求对方清偿收条项下的款项的。持有收条的一方要求出具收条的一方清偿收条项下的款项，就必须证明，其所持有的收条表征的是债权关系或合同履行的证明。而要做到这一点，仅仅靠出示一张收条通常是不够的。收条的持有者在不能出具其他证据时，便不可避免地面临着败诉的风险。

欠条和借条虽然都是债权债务关系的证明，但它们之间也是存在差别的。借条表明了债权关系形成的原因，即因为借贷而形成；欠条则无法从字面上表明债权关系形成的原因。债权关系形成的原因是很多的，借贷只是其中的一种。如果写明是欠条，应当依据欠条形成的原因来确定双方之间的法律关系。

❖**生活实例**❖**欠条和借条**

2005年下半年，一位朋友向小刘借了1万元钱。当时小刘要求他写一张借条，但朋友写了一张欠条，并注明了还款时间，当时碍于情面小刘并没有多想和多问。可如今已过了约定的还款时间，朋友却一直没有还钱。小刘也不知道当初他为何要故意将借条写成欠条。现在凭这张欠条上法院打官司能赢吗？

❖**分析解答**❖因为借条表明了债权关系是因为借贷而形成，而欠条无法表明债权关系形成的真正原因。因此，如果小刘凭欠条向法院起诉，你必须向法官陈述欠条形成的事实。但是如果对方对此事实进行否认、抗辩，那么就比较麻烦了，小刘还必须进一步举证证明存在欠条形成的事实。

### ❓ 77. 为什么要在借条中突出时间，这有什么意义？

在民间借贷中，容易产生争议的时间包括两点：还款时间和借条书写时间。

在约定还款时间时，最好将其明确到年月日。在这里的还款时间就是债权人和债务人约定的应当归还本息的时间。而现实中人们经常忽视这项约定，或未作出明确约定。通常仅仅表述为"一定时间后"还款，如"一年后"还款。"一年后"从字面上来讲是一个时间段，而非时间点。借款后两年、三年或更长时间还款都能够被理解为"一年后"还款。尽管法律上对此有着一定的解释规则，但这种书写方式确实增大了实现债权的不确定性。同时，还款时间的不明确，在实践中也容易引发关于诉讼时效的争议。

借条形成时间通常是债务人书写欠条的时间。这一时间的约定也应当具体到年月日。现实中，债务人往往有意或无意地漏写这一日期，或仅仅书写年月日的一部分。如债务人仅写明八月一日。尽管在书写借条时这一时间对债权人债务人都是明确的，但时过境迁，难免会对借条的形成时间产生争议。而借条形成时间的不明确则可能导致诉讼时效难以计算。债权人可能不得不面对借条是否已经超过诉讼时效的法律问题。尽管文书的形成时间有可能通过物证鉴定来确定，但这样做也并非绝对可靠，而且将增加当事人的费用支出。

❀生活实例❀还款时间应明确，过期债权恐不保

小朋于2005—2007年共借给男友6万元，只有借条且没有书写还款时间，在小朋多次索要的情况下，其男友写了保证在2008年5月还清的保证书，但于2008年7月还了1.5万元以后就不想再还了，并哄骗小朋要与她结婚（这个男人已婚，而他老婆根本

不离婚）。小朋多次提出要求其男友还钱并断绝关系都遭到恐吓，请问，如果时间久了，借款会不会无效，她应该怎么办？

◈**分析解答**◈小朋应当在协商不成的情况下，最迟在2010年5月30日前向法院起诉，否则该债权可能会因过了诉讼时效而得不到法律的保护。

## 78. 如何证明借款人的身份问题？

身份问题是一个在民间借贷中应当注意的问题。这主要是怕无权代理和表见代理甚至诈骗。通常的身份问题是指债务人的身份问题。在此有两点值得注意。首先，债权人应当审查债务人的身份证件，并要求债务人当面书写借条。如果债务人将事先写好的借条交给债权人的话，就不排除该借条中债务人的签名系由他人代签的可能。其次，如果借款人同时又是某个公司的法定代表人或负责人的话，债权人一定要明确债务人是该借款人本人还是其所代表的公司或企业。在法律上，法定代表人或负责人是可以代表公司或企业从事包括付款在内的民事行为的。如果债权人不对债务人的身份加以明确的话，就有可能出现借款人身份混同的情形。直接的后果是，债权人在日后的诉讼中，将不得不面对公司或企业与借款人之间的相互推诿，从而为债权的实现带来麻烦。

◈**生活实例**◈**离职后持空白合同借款，原单位为表见代理埋单**

金山公司经常派业务员王某与阳光公司订立借款合同，王某调离后，又持盖有金山公司公章的合同书与尚不知其已调离的阳光公司订立一份借款合同，并按照通常做法提走现金，然后逃匿。对此，金山公司并不知情。阳光公司要求金山公司还款，金山公司认为该合同与己无关，予以拒绝。试问该纠纷如何解决？

◈**分析解答**◈王某的行为即构成了表见代理。依《合同法》第49条的规定，行为人没有代理权、超越代理权或者代理权终止后以被代理人名义订立合同，相对人有理由相信行为人有代理权的，该代理行为有效。本案中，"金山公司经常派业务员王某与阳光公司订立借款合同"，后虽调离，但"持盖有金山公司公章的合同书与尚不知其已调离的阳光公司订立一份借款合同，并按照通常做法提走现金"，在这种情况下，阳光公司完全可以有理由相信王某有代理金山公司的权利，王某有代理权。依《合同法》第49条规定，王某的代理行为有效，金山公司应当承担签约后果。

# 第五章　保证合同纠纷

## 79. 担保法规定的保证方式有几种？

保证，是指保证人和债权人约定，当债务人不履行债务时，保证人按照约定履行债务或者承担责任的行为。保证方式，即保证人承担保证责任的方式，《担保法》第 16 条规定：保证的方式有一般保证和连带责任保证两种方式。

一般保证是指当事人在保证合同中约定，债务人不履行债务时，由保证人承担保证责任的保证。在一般保证中，保证人承担的是补充责任，其享有先诉抗辩权。《担保法》第 17 条规定：当事人在保证合同中约定，债务人不能履行债务时，由保证人承担保证责任的，为一般保证。一般保证的保证人在主合同纠纷未经审判或者仲裁，并就债务人财产依法强制执行仍不能履行债务前，对债权人可以拒绝承担保证责任。在一般保证中，债权人要向保证人主张责任，须证明已就债务人的财产强制执行仍不能履行。

连带责任保证是指当事人在保证合同中约定由保证人和债务人对债务承担连带责任的保证。连带责任保证的债务人在主合同规定的债务履行期届满没有履行债务的，债权人可以要求债务人履行债务，也可以要求保证人在其保证范围内承担保证责任。在连带责任保证中，保证人承担的是连带责任，不享有先诉抗辩权，因此其保证责任较之一般保证的保证人要重。为保护债权人的利益，当事人对保证方式没有约定或者约定不明确的，按照连带责任保证承担保证责任。

一般保证与连带责任保证最主要的区别在于有无先诉抗辩权。先诉抗辩权是指保证人在债权人未就债务人的财产依法强制执行仍无效果前，对于债权人可以拒绝承担保证责任的权利。但根据《担保法》第17条规定，先诉抗辩权在下列情况下不得行使：（1）债务人住所变更，致使债权人要求其履行债务发生重大困难的，包括债务人下落不明、移居境外，且无财产可供执行的情形；（2）人民法院受理债务人破产案件，中止执行程序的；（3）保证人以书面形式放弃前款规定的权利的。

◈**生活实例**◈**保证方式约定不明的，承担连带责任**

张力要为他的商店添置货物，就想向王文借款5万元，王文答应，但是要他提供一个保证人。张力就找到他的朋友李兵，要李兵提供担保，但在保证合同中并没有约定以何种方式承担保证责任，到期后张力未能还钱，王文能否要求李兵承担连带保证责任？

◈**分析解答**◈此案涉及当事人未约定保证方式时，保证责任的承担问题。《担保法》第19条规定：当事人对保证方式没有约定或者约定不明确的，按照连带责任保证承担保证责任。在本案中，当事人未约定保证方式，所以李兵应该承担连带保证，即由李兵和张力一起承担该债务不能履行的责任。当然，李兵承担保证责任后，可以向张力主张追偿权。

## ❓ 80. 保证合同应当包括哪些内容？

保证合同是指债权人与保证人约定当债务人不履行债务时由保证人承担责任的协议。保证担保的范围包括主债权及利息、违约金、损害赔偿金和实现债权的费用。保证合同另有约定的，按照约定。当事人对保证担保的范围没有约定或者约定不明确的，保证人应当对全部债务承担责任。

保证合同应当是书面形式的，按照《担保法》规定，保证合同应当包括以下内容：

（1）被保证的主债务的种类和主合同的数额。主债务的种类是指债权人和债务人订立的主合同是何种类型的债务，如金钱债务或者劳务债务等。主合同的数额是指主合同的标的额。

（2）债务人履行债务的期限。债务人履行债务的期限和保证人的保证期间往往有直接联系，一般而言，债务人在合同规定的履行期限内不能履行债务时，保证人就要开始承担保证责任，即债务人履行债务的期间是保证期间的起算点。

（3）保证的方式。担保法规定保证方式分为一般保证和连带责任保证，不同的保证方式保证人的责任也有很大不同，因此，保证的方式是保证人承担保证责任的重要问题，在订立保证合同时，应当对保证的方式作出明确规定。

（4）保证担保的范围。保证担保的范围是指保证人对哪些保证人可以在保证债务承担保证责任。我国担保法规定保证合同当事人可以约定保证的范围，未约定时保证范围包括主债权及利息、违约金、损害赔偿金和实现债权的费用。

（5）保证的期间。保证期间是指保证人承担保证责任的起止时间。保证人在规定的期间内承担保证责任，超过该期间，保证人即不再承担保证责任。

（6）双方认为需要约定的其他事项。

当然，并不是说保证合同缺少上述内容就会被确认为无效，担保法规定，保证合同不完全具备前款规定内容的，可以补正，即当事人可以事后达成有关协议予以修正，未达成协议的，可以按照担保法及其他法律的规定加以确定合同内容。

第三人单方以书面形式向债权人出具担保书，债权人接受且未提出异议的，保证合同成立。主合同中虽然没有保证条款，但是，保证人在主合同上以保证人的身份签字或者盖章的，保证合同成立。

### ❋生活实例❋劝架竟成担保人，债务纠纷需担责①

2003 年，孙某向杨某借了 25000 元。杨某当时碍于朋友情面没有让孙某打欠条，之后孙某却一直没有还钱。2005 年 5 月的一天，孙某来到邻居李某家中串门，杨某闻讯也赶到了李某家中向孙某讨债。孙某当场为杨某写了一张 25000 元的欠条，保证日后有钱一定还。可杨某还是不放心，于是和孙某争吵起来。为防止孙某和杨某在自己家中闹出纠纷，李某拍着胸脯承诺会替杨某向孙某讨要这笔钱，并在欠条上签字。后来，杨某数次找到孙某索债还钱，但始终未果。无奈之下，杨某将孙某、李某二人一起诉至法院，要求二人共同偿还借款 25000 元。庭审过程中，孙某承认欠杨某钱的事实，但表示暂时没有能力偿还。李某则辩称，钱不是我借的，不应该由我还，杨某纯粹胡搅蛮缠。

法院经审理认为，借款合同的借款人负有及时返还到期借款的义务。孙某向杨某借款，并为杨某出具欠条的行为，可以确认孙某与杨某间存在合法借贷关系。杨某向孙某索要借款后，孙某负有及时清偿的义务。李某以自己名义在孙某为杨某出具欠据的欠款人下署名，承诺向孙某讨要该借款，可以作为其自愿担保该债务清偿的依据，李某应对债务清偿承担连带责任。据此，法院依法判决孙某偿还杨某借款 25000 元，李某负连带偿还责任。

### ❋分析解答❋
最高人民法院《关于适用〈中华人民共和国担保法〉若干问题的解释》第 22 条第 2 款规定："主合同中虽然没有保证条款，但是，保证人在主合同上以保证人的身份签字或者盖章的，保证合同成立。"本案中李某的签名承诺行为构成保证合同关系，应当承担相应的法律责任。李某承担责任后可以向孙某追偿。

---

① 高明艳：《劝架竟成担保人 债务纠纷需担责》，载北京法院网，http：//bjgy. chinacourt. org/public/detail. php？id = 67042。

## 81. 保证合同与债权债务合同之间是什么关系？

根据合同是否具有从属性，可以将合同分为主合同和从合同。当两个以上的合同相互关联时，其中一个合同对另外的合同存在制约或者限制时，便产生了主从合同关系。其中不以其他合同的存在为前提而独立存在的合同称为主合同。保证合同是债权债务人之间的合同的从合同，债权债务人之间的合同是主合同。

主合同有效而担保合同无效，债权人无过错的，担保人与债务人对主合同债权人的经济损失，承担连带赔偿责任；债权人、担保人有过错的，担保人承担民事责任的部分，不应超过债务人不能清偿部分的二分之一。

主合同无效而导致担保合同无效，担保人无过错的，担保人不承担民事责任；担保人有过错的，担保人承担民事责任的部分，不应超过债务人不能清偿部分的三分之一。

担保人因无效担保合同向债权人承担赔偿责任后，可以向债务人追偿，或者在承担赔偿责任的范围内，要求有过错的反担保人承担赔偿责任。

主合同解除后，担保人对债务人应当承担的民事责任仍应承担担保责任。但是，担保合同另有约定的除外。

保证期间，债权人依法将主债权转让给第三人的，保证人在原保证担保的范围内继续承担保证责任。保证合同另有约定的，按照约定。保证期间，债权人许可债务人转让债务的，应当取得保证人书面同意，保证人对未经其同意转让的债务，不再承担保证责任。债权人与债务人协议变更主合同的，应当取得保证人书面同意，未经保证人书面同意的，保证人不再承担保证责任。保证合同另有约定的，按照约定。

※**生活实例**※**父母承诺替子还款，视同担保**①

李先生的女儿与小何曾经谈过恋爱，其间，小何将李先生所有但一直为女儿使用的轿车卖给了别人，李先生没有反对，还在卖车的相关手续上签字、确认，但小何却未将卖车款返还给李先生。不久以后，小何已经离婚的父母何先生和王女士共同为李先生出具了还款计划，将轿车折价为 8 万元，二人按每月 2000 元的标准分期向李先生偿还。日前，因小何的父母没有依约偿还车款，李先生起诉至法院，要求小何、何先生、王女士共同归还车款 8 万元。庭审中，小何称，轿车只卖了 6 万元。最终，法院判决小何返还李先生售车款 6 万元，何先生、王女士承担连带保证责任。

※**分析解答**※本案中小何卖车的行为是无权处分，但李先生明知小何在未得到其授权的情况下将其所有的轿车出售，而未作否认表示，视为其认可小何的代理卖车行为，所以卖车的行为有效，但小何应将卖车款返还李先生。小何与李先生形成了民事上的债权债务关系，其父母与李先生达成的书面还款计划，李先生未提出异议，应视为小何父母向李先生出具了担保书，自愿为小何承担保证责任。当事人对保证方式没有约定或者约定不明确的，按照连带责任保证承担保证责任。所以，保证人小何的父母应在债务人小何拖欠债务的范围内承担保证责任。对于实际欠款的数额，需要小何证明到底是 6 万元还是 8 万元，如果确实只卖了 6 万元，则小何应返还 6 万元。

## ? 82. 保证有期间限制吗？

保证期间，是指保证人承担保证责任或者债权人主张保证责任的有效期间。最高人民法院《关于适用〈中华人民共和国担保法〉若干问题的解释》第 31 条规定：保证期间不因任何事由发生中

---

① 通宣、曹韶华：《父母承诺替子还款 视同担保》，载北京法院网，http://bj-gy. chinacourt. org/public/detail. php？id = 50344。

断、中止、延长的法律后果，即在该期间内债权人未向保证人主张保证责任，则该权利消灭。

保证期间可以由当事人约定。根据最高人民法院《关于适用〈中华人民共和国担保法〉若干问题的解释》第 32 条规定：保证合同约定的保证期间早于或者等于主债务履行期限的，视为没有约定，保证期间为主债务履行期届满之日起六个月。保证合同约定保证人承担保证责任直至主债务本息还清时为止等类似内容的，视为约定不明，保证期间为主债务履行期届满之日起二年。由此可知，未约定保证期间的，保证期间为主债务履行期届满之日起六个月，约定不明的，保证期间为主债务履行期届满之日起二年。

一般保证的保证人与债权人未约定保证期间的，保证期间为主债务履行期届满之日起六个月。在合同约定的保证期间和前述规定的保证期间，债权人未对债务人提起诉讼或者申请仲裁的，保证人免除保证责任；债权人已提起诉讼或者申请仲裁的，保证期间适用诉讼时效中断的规定。连带责任保证的保证人与债权人未约定保证期间的，债权人有权自主债务履行期届满之日起六个月内要求保证人承担保证责任。在合同约定的保证期间和前款规定的保证期间，债权人未要求保证人承担保证责任的，保证人免除保证责任。

至于保证期间的起算时间，有约定的按照约定，没有约定或者约定不明的，根据最高人民法院《关于适用〈中华人民共和国担保法〉若干问题的解释》第 33 条的规定，保证期间自债权人要求债务人履行义务的宽限期届满之日起计算。

**❈生活实例❈约定保证期未过，仍承担保证责任①**

2005 年 4 月，某银行与某厂签订了一份借款合同，约定由该厂向银行借款 76 万元，于 2005 年 11 月还清本金和利息。同时，某蔬菜公司作为保证人与银行签订了保证合同，约定蔬菜公司对该厂的借款承担保证责任，为连带责任保证，并约定保证期间为自主

---

① 付蕾：《约定保证期未过　仍承担保证责任》，载北京法院网，http://bjgy. chinacourt. org/public/detail. php? id＝55475。

合同确定的借款到期的次日起两年。此后，银行依约发放了借款。借款到期后，该厂没有偿还本金和利息，蔬菜公司也未能履行保证责任。

银行以该厂和蔬菜公司为被告诉至法院，要求该厂偿还借款和本金，并由蔬菜公司对此承担连带保证责任。在庭审中，蔬菜公司辩称，根据法律规定，其公司履行保证责任的保证期间为 6 个月，权利人的请求已经超过了保证期间，其公司不再承担保证责任。

法院经审理认为，蔬菜公司与银行签订的保证合同合法有效，双方明确约定了保证期间为自主合同确定的借款到期的次日起两年，原告起诉未超过两年的保证期间，故不予采纳蔬菜公司的抗辩意见，判决蔬菜公司对该厂的借款本金和利息承担连带保证责任。

◈**分析解答**◈根据我国《担保法》第 26 条的规定，"连带责任保证的保证人与债权人未约定保证期间的，债权人有权自主债务履行期届满之日起 6 个月内要求保证人承担保证责任。在合同约定的保证期间和前款规定的保证期间，债权人未要求保证人承担保证责任的，保证人免除保证责任"。在本案中，保证合同的双方当事人在合同中明确约定了保证责任的期间，并且对保证期间的约定未有违反法律规定的情形，应认定为有效，故不属于《担保法》第 26 条规定的情形。

## ❓ 83. 保证人在保证期间届满后又在催款通知书上签字的，是否应承担保证责任？

最高人民法院《关于人民法院应当如何认定保证人在保证期间届满后又在催款通知书上签字问题的批复》指出，根据《担保法》的规定，保证期间届满债权人未依法向保证人主张保证责任的，保证责任消灭。保证责任消灭后，债权人书面通知保证人要求承担保证责任或者清偿债务，保证人在催款通知书上签字的，人民法院不得认定保证人继续承担保证责任。但是，该催款通知书内容符合合同法和担保法有关担保合同成立的规定，并经保证人签字认可，能够认定成立新的保证合同的，人民法院应当认定保证人按照新保证合同承担责任。

## 84. 在何种情况下保证人免除保证责任?

保证责任的免除，是指对已经存在的保证责任基于法律的规定或者当事人的约定予以免去，保证人不再承担保证责任的情形。根据担保法及其司法解释，保证责任免除的事由主要有：

（1）保证期间，债权人依法将主债权转让给第三人的，保证债权同时转让，保证人在原保证担保的范围内对受让人承担保证责任。但是保证人与债权人事先约定仅对特定的债权人承担保证责任或者禁止债权转让的，保证人不再承担保证责任。

（2）保证期间，债权人许可债务人转让全部或者部分债务的，应当取得保证人书面同意，保证人对未经其同意转让的全部或者部分债务，不再承担保证责任或者只对未转让部分承担保证责任。

（3）债权人与债务人协议变更主合同的，应当取得保证人书面同意，未经保证人书面同意的，保证人不再承担保证责任。保证合同另有约定的，按照约定。保证期间，债权人与债务人对主合同数量、价款、币种、利率等内容作了变动，未经保证人同意的，如果减轻债务人的债务的，保证人仍应当对变更后的合同承担保证责任；如果加重债务人的债务的，保证人对加重的部分不承担保证责任。

（4）在一般保证中，保证期间届满，债权人未对债务人提起诉讼或者申请仲裁的，保证人免除保证责任。在连带保证中，保证期间届满，债权人未要求保证人承担保证责任的，保证人免除保证责任。

（5）同一债权既有保证又有物的担保，债权人放弃物的担保的，保证人在债权人放弃权利的范围内免除保证责任。债权人在主合同履行期届满后怠于行使担保物权，致使担保物的价值减少或者毁损、灭失的，视为债权人放弃部分或者全部物的担保，保证人在债权人放弃权利的范围内减轻或者免除保证责任。

（6）债权人知道或者应当知道债务人破产，既未申报债权也未通知保证人，致使保证人不能预先行使追偿权的，保证人在该债权在破产程序中可能受偿的范围内免除保证责任。

（7）一般保证的保证人在主债权履行期间届满后，向债权人提供了债务人可供执行财产的真实情况的，债权人放弃或者怠于行使权利致使该财产不能被执行，保证人可以请求人民法院在其提供可供执行财产的实际价值范围内免除保证责任。

（8）主合同当事人双方协议以新贷偿还旧贷，除保证人知道或者应当知道的外，保证人不承担民事责任。新贷与旧贷系同一保证人的除外。

（9）有下列情形之一的，保证人不再承担保证责任：主合同当事人双方串通，骗取保证人提供保证的；主合同债权人采取欺诈、胁迫等手段，使保证人在违背真实意思的情况下提供保证的；主合同债务人采取欺诈、胁迫等手段，使保证人在违背真实意思的情况下提供保证的，债权人知道或者应当知道欺诈、胁迫事实的。

◈**生活实例**◈新贷还旧贷，保证人未被告知，旧贷不担保

2003年4月，甲公司与乙银行协议借款150万元，借款期为1年，并由丙公司作为一般保证人，保证期间为主债务履行届满后6个月。甲、乙在合同中写明该150万元用于购买原材料，实际上却用以偿还甲公司欠乙银行的旧贷款，而丙公司对此毫不知情。还款期届满后，甲公司未能还清贷款，乙银行遂要求丙公司承担保证责任。请问：丙公司应否承担保证责任？

◈**分析解答**◈此案涉及主合同当事人恶意串通骗取保证情况下保证人应否承担保证责任的问题。在本案中，主合同为双方当事人的真实意思表示，其为合法有效合同，但保证合同则并非如此。丙公司在签订保证合同时并不知道甲乙之间关于新贷偿还旧

贷的约定，即甲乙是恶意串通欺骗丙公司使其承担保证责任。《担保法》第30条规定，主合同当事人双方串通，骗取保证人提供保证的，保证人不承担民事责任。最高人民法院《关于适用〈中华人民共和国担保法〉若干问题的解释》第39条规定：主合同当事人双方协议以新贷偿还旧贷，除保证人知道或者应当知道的外，保证人不承担民事责任。新贷与旧贷系同一保证人的除外。本案中保证人丙公司并不知道甲乙之间关于新贷偿还旧贷的约定，且丙公司也并非旧贷的保证人，因此保证人丙公司不承担民事责任。

## ❓ 85. 物的担保与人的担保并存时，债权人应如何实现债权？

在现实生活中，许多债权人为了安全起见，有时候在有担保物权的情况下，还要求债务人提供保证人，以充分保证债权的实现，即出现了物的担保与人的担保并存的情况，担保法及其司法解释也对此种情形下如何实现债权作出了相关的规定：如果当事人之间有约定的，按照约定实现债权；若当事人之间没有约定的，则根据物的担保的提供人的不同按以下方式承担：

（1）在债务人提供的物的担保与保证并存的情况下，债权人应当先就物的担保实现债权，在物的担保不足以实现债权时，再要求保证人承担保证责任。

（2）在第三人提供的物的担保与保证并存的情况下，债权人可以就物的担保实现债权，也可以要求保证人承担保证责任。

同一债权既有保证又有物的担保的，债权人放弃物的担保的，保证人在债权人放弃权利的范围内免除保证责任。债权人在主合同履行期届满后怠于行使担保物权，致使担保物的价值减少或者毁损、灭失的，视为债权人放弃部分或者全部物的担保，保证人在债权人放弃权利的范围内减轻或者免除保证责任。

同一债权既有保证又有物的担保的，物的担保合同被确认无效或者被撤销，或者担保物因不可抗力的原因灭失而没有代位物的，保证人仍应当按合同的约定或者法律的规定承担保证责任。

## ❓ 86. 保证人在何种情形下承担保证责任?

被保证人即债务人破产的案件由人民法院受理后，债权人、债务人和保证人三者之间的关系可表述为以下几种情况：

（1）债务人的保证人已经代替债务人清偿债务的，以其对债务人的求偿权申报债权。债务人的保证人尚未代替债务人清偿债务的，以其对债务人的将来求偿权申报债权。但是，债权人已经向管理人申报全部债权的除外。

（2）保证期间，人民法院受理债务人破产案件的，债权人既可以向人民法院申报债权，也可以向保证人主张权利。债权人申报债权后在破产程序中未受清偿的部分，保证人仍应当承担保证责任。债权人要求保证人承担保证责任的，应当在破产程序终结后六个月内提出。

（3）人民法院受理债务人破产案件后，债权人未申报债权的，保证人可以参加破产财产分配，预先行使追偿权。若保证人为连带共同保证人，则各连带共同保证的保证人应当作为一个主体申报债权，预先行使追偿权。

（4）债权人知道或者应当知道债务人破产，既未申报债权也未通知保证人，致使保证人不能预先行使追偿权的，保证人在该债权在破产程序中可能受偿的范围内免除保证责任。

## ❓ 87. 保证人可以向债务人追偿吗?

《担保法》第31条规定：保证人承担保证责任后，有权向债务人追偿。由于保证人承担了保证责任，使得债务人免除了向债权人的给付，因此，保证人在承担保证责任后，实际上就取代了债权人的地位，有权在其承担保证责任的范围内向债务人追偿。保证人对债务人即被保证人行使追偿权的条件是：

（1）保证人向债权人履行了保证债务；

（2）因保证人的履行而使债务人免责；

（3）保证人履行保证债务无过错。

保证人自行履行保证责任时，其实际清偿额大于主债权范围的，保证人只能在主债权范围内对债务人行使追偿权。

当有两个或者两个以上的保证人提供保证时，已经承担保证责任的保证人，有权向债务人追偿，或者要求承担连带责任的其他保证人清偿其应当承担的份额。

最高人民法院《关于适用〈中华人民共和国担保法〉若干问题的解释》第42条还规定了保证人行使追偿权的诉讼时效：保证人对债务人行使追偿权的诉讼时效，自保证人向债权人承担责任之日起开始计算。

**◈生活实例◈承担担保责任后，担保人可以追偿**[①]

甲担保公司诉称，2003年4月，张某依据与某银行签订的借款合同，向该银行借款18万元用于购买装载机一台。借款同时，与甲担保公司签订保证合同。张某购买该车后，只偿还了不足6个月的借款本金及利息8万元，拖欠剩余借款本金及利息。2004年6月，甲担保公司依据车辆保险和机动车辆消费贷款保证保险合同约定，为张某偿还剩余本息。后甲担保公司多次向张某催要此款均未果。故提起诉讼，要求张某偿还以上甲担保公司的担保款10万元。

张某辩称，我对借款买装载机的事实不持异议，但我是从中国工商银行借的款，该借款的本金及利息我全部付清。甲担保公司所诉的从某银行借款18万元的事实根本不存在，其也未向该银行付过款。故此，甲担保公司向某银行偿还借款与其无关。

---

① 杨旭：《承担担保责任后　担保人可以追偿》，载北京法院网，http：//bjgy. chinacourt. org/public/detail. php？id=54082。

法院经审理认为，张某与甲担保公司之间的购买装载机合同、与某银行之间的《工程车辆（机械）消费贷款借款合同》、与甲担保公司之间的保险单均属双方当事人的真实意思表示，亦未违背相关法律，均为有效；合同双方均应按照约定履行各自的合同义务。因张某在取得借款并用此借款购得车辆后未及时清偿借款，甲担保公司依照担保合同，代替张某向某银行偿还以上借款本金及利息，同时取得相应债权，符合约定及相关法律规定，对此，本院予以认定。现甲担保公司作为债权人，向债务人张某主张债权，并无不当，遂判决被告张某返还原告甲公司借款本金10万元。

◈**分析解答**◈根据《担保法》第31条的规定，保证人承担保证责任后，有权向债务人追偿。本案中，作为保证人的原告已经承担了保证责任，有权向被告追偿。

## 88. 同一债务上有两个保证人的，责任如何区分？

同一债务上有数个保证人即为共同保证。共同保证可以由每个保证人与分别债权人订立数个保证合同，也可以由数个保证人一同与债权人订立一个保证合同。一般而言，可将共同保证分为按份共同保证和连带共同保证。

按份共同保证即债权人与各保证人约定了每个保证人所承担的债权保证份额，若到期债务人未履行债务的，债权人应就约定的保证份额向每个保证人主张保证责任。按份共同保证的保证人按照保证合同约定的保证份额承担保证责任后，在其履行保证责任的范围内对债务人行使追偿权。

连带共同保证即债权人与保证人之间没有约定每个保证人应当承担的保证份额，若到期债务人不履行债务，各保证人应承担连带责任的共同保证。连带共同保证的保证人内部之间可以约定保证份额，但不得以该份额对抗债权人。两个以上保证人对同一债务同时或者分别提供保证时，各保证人与债权人没有约定保证份额的，应当认定为连带共同保证。连带共同保证的保证人不得以其相互之间约定各自承担的份额对抗债权人。连带共同保证的债务人在主合同规定的债务履行期届满没有履行债务的，债权人可以要求债务人履行债务，也可以要求任何一个保证人承担全部保证责任。连带共同保证的保证人承担保证责任后，向债务人不能追偿的部分，由各连带保证人按其内部约定的比例分担。没有约定的，平均分担。

**◈生活实例◈连带共同保证中，债权人有权选择责任人**

2006 年 5 月，高某和银行签订借款合同，向银行借了 4 万余元做生意。与此同时，何某和张某也和这家银行签订了借款保证合同。在这份保证合同上，双方约定：为了确保主合同债务人高某与银行签订的借款合同得以切实履行，何某和张某同意为高某向银行借的这笔钱提供保证，保证方式为连带责任保证。两份合同签订后，银行为高某提供了借款。借款到期了，但高某却未能及时偿还这笔钱。于是，银行将高某和何某告上了法庭。何某怎么也想不明白：当初明明是两个人同时提供担保的，可现在为什么另一个人就偏偏不用当被告呢？

**◈分析解答◈**何某和张某为高某所作的是连带责任保证，根据我国担保法的规定，所谓连带保证责任，是指当主合同的债务人未能依照合同约定清偿债务时，债权人不仅有权要求债务人继续履行清偿责任，同时还可以要求这笔债务的保证人在其保证的范围内承担连带保证责任，即债权人可以要求保证人中的一个人或者部分人或者全体保证人偿还部分或全部债务。也就是说，作为债权人的银行在这里享有选择权：可以选择告高某、何某与张某中的任何一个、两个或者三个，要求偿还全部或部分借款本息。

## 89. 已经承担保证责任的连带共同保证人能否向其他保证人追偿？

连带共同保证，是指两个或者两个以上的保证人不分份额地向债权人承担保证责任，当债务人不履行债务时，债权人可以向任何一个保证人主张保证责任。《担保法》第 12 条规定，同一债务有两个以上保证人的，保证人应当按照保证合同约定的保证份额，承担保证责任，没有约定保证份额的，保证人承担连带责任，债权人可以要求任何一个保证人承担全部保证责任，保证人都负有担保全部债权实现的义务。已经承担保证责任的保证人，有权向债务人追偿，或者要求承担连带责任的其他保证人清偿其应当承担的份额。可见，连带共同保证的保证人在承担保证责任后，享有双重追偿权，其既可以向债务人追偿，也可以就超过其应承担的份额的部分向其他保证人追偿。

◈**生活实例**◈**已经承担保证责任的连带共同保证人有权向债务人或其他保证人追偿**

甲公司于 2001 年向银行贷款 100 万元，银行要求提供担保，甲公司遂找来乙公司和丙公司作为保证人。在乙公司、丙公司和银行签订的保证合同中，三方约定，由乙公司和丙公司为甲公司的 100 万元债务承担连带共同保证责任，保证期间为主债务履行期满后六个月，保证范围为主债务及利息。事后，乙公司又和丙公司约定双方各承担一半的保证责任。一年后，银行贷款到期，甲公司未能清偿，银行遂找到乙公司，要求乙公司承担全部保证责任，乙公司遂向银行清偿了 100 万元及利息。清偿后，找到丙公司，向丙公司追偿其应承担的 50 万元及相应利息的保证责任，遭到丙公司的拒绝。问：乙公司能否向丙公司追偿？

◈**分析解答**◈此案涉及连带共同保证中已经承担保证责任的保证人的追偿权问题。根据《担保法》第 12 条的规定，已经承担保证责任的保证人，有权向债务人追偿，或者要求承担连带责任的其他保证人清偿其应当承担的份额。在本案中，乙公司和丙公司为连带共同保证人，其事后约定的份额在双方当事人之间产生法律效力，因此在乙公司承担全部保证责任后，可以向丙公司要求其承担约定的一半的保证责任，即乙公司有权向丙公司追偿 50 万元及相应利息，丙公司无权拒绝。当然，乙公司也可以向甲公司行使追偿权。

# 第六章　定金合同纠纷

## ❓ 90. 什么是定金？定金有哪些特点和种类？

定金是指合同当事人为了保证合同的履行，按照双方当事人的约定，由一方当事人在合同订立前、订立时或者订立后、履行前，预先给对方当事人的一定数额的金钱的担保方式。定金是一种金钱担保。定金作为债的一种担保方式，具有以下特点：

（1）定金合同的成立不仅需要双方当事人的意思表示一致，而且还必须有交付定金的行为，即定金合同是要式合同。

（2）定金担保的主合同，一般是给付金钱债务的合同。

（3）法律对定金的数额有限制，即不能超过主合同标的额的 20%。

根据担保法的有关规定，定金可以分为以下种类：

（1）立约定金，也称为订约定金，是指为保证合同的正式订立而交付的定金。最高人民法院《关于适用〈中华人民共和国担保法〉若干问题的解释》第 115 条规定：当事人约定以交付定金作为订立主合同担保的，给付定金的一方拒绝订立主合同的，无权要求返还定金；收受定金的一方拒绝订立合同的，应当双倍返还定金。此即关于立约定金的法律规定，在实际生活中，尤其是在商品房买卖中买方或者卖方为了防止另一方反悔，则约定在订立合同前交付立约定金。

（2）成约定金，是指作为合同成立或者生效的定金。最高人民法院《关于适用〈中华人民共和国担保法〉若干问题的解释》第 116 条规定：当事人约定以交付定金作为主合同成立或者生效要件的，给付定金的一方未支付定金，但主合同已经履行或者已经履行主要部分的，不影响主合同的成立或者生效。由此可见，定金合同以实际交付为生效要件。

（3）违约定金，是定金的基本种类。《担保法》第 89 条规定：当事人可以约定一方向对方给付定金作为债权的担保。债务人履行债务后，定金应当抵作价款或者收回。给付定金的一方不履行约定的债务的，无权要求返还定金；收受定金的一方不履行约定的债务的，应当双倍返还定金。

（4）解约定金，是指合同当事人约定的用以作为保留合同解除权的代价而交付的定金。最高人民法院《关于适用〈中华人民共和国担保法〉若干问题的解释》第 117 条规定：定金交付后，交付定金的一方可以按照合同的约定以丧失定金为代价而解除主合同，收受定金的一方可以双倍返还定金为代价而解除主合同。对解除主合同后责任的处理，适用《合同法》的规定。此即对解约定金的确认。

※**生活实例**※ "诚意金" 并非 "定金"，被侵权时双倍讨返难被支持①

陈女士于 2007 年 4 月作为乙方与甲方某房屋开发公司签订了一份《租赁意向书》。双方约定：乙方意向承租甲方开发的一处商铺；乙方在签署意向书同时交纳诚意金 5 万元，并在甲方通知期限内与甲方签署正式的《租赁合同》，否则甲方有权另行出租该商铺；若双方未能就《租赁合同》达成一致，甲方将诚意金无息等额返还乙方，该意向书作废。此意向书签订后，陈女士向公司交纳了 5 万元，某房屋开发公司为其出具的发票上载明收费项目为 "认购金"。此后，双方未能就《租赁合同》达成一致，公司将该

---

① 乔学慧：《"诚意金"并非"定金"，被侵权时双倍讨返难被支持》，载北京法院网，http://bjgy.chinacourt.org/public/detail.php?id=74187。

商铺出租给他人。

2007年11月27日，陈女士将某公司起诉至法院，要求公司双倍返还其交纳的诚意金共计10万元并赔偿其经济损失16476元。陈女士认为其交纳的5万元诚意金具有立约定金的性质，收受定金的一方拒绝订立合同时应将定金双倍返还。

被告某房屋开发公司辩称，根据《担保法》规定，定金担保合同是要式合同，担保合同必须以书面合同形式订立。但本案双方签订的《租赁意向书》中已经约定原告向被告交付的5万元是诚意金而非《担保法》和《合同法》所规定的定金。双方签订《租赁意向书》后，被告在通知原告签约时原告迟迟不来签约，基于上述事实，不同意原告的诉讼请求。

法院审理后判令某公司返还陈女士交纳的5万元，驳回了陈女士的其他诉讼请求。

❋**分析解答**❋本案中，双方争议的焦点是陈女士交纳的5万元"诚意金"的性质问题。"诚意金"原本是一个商业上的概念，至今法律上对它的性质也没有明确认定，而定金是一个法律概念。《担保法》第90条规定"定金应当以书面形式约定"。最高人民法院《关于适用〈中华人民共和国担保法〉若干问题的解释》第118条规定："当事人交付留置金、担保金、保证金、订约金、押金或者订金等，但没有约定定金性质的，当事人主张定金权利的，人民法院不予支持"。本案中，陈女士和公司签订的《租赁意向书》里明确约定，陈女士交纳的5万元为"诚意金"，且"若双方未能就《租赁合同》达成一致，诚意金可退，甲方将诚意金无息等额返还乙方"。双方并未约定该5万元有定金的性质，由此，陈女士要求公司双倍返还其交纳的5万元诚意金的诉讼请求无法得到法院的支持。

## ❓ 91. 定金与订金有何区别？

定金是我国担保法明确规定的一种债的担保方式，由于定金具有定金罚则的效力，因此定金也带有惩罚性。给付定金的一方不履行约定的债务的，无权要求返还定金；收受定金的一方不履行约定的债务的，应当双倍返还定金。

而对于订金，法律并未作出明确规定，字面来讲，"订金"即订约合同之金，是定购之义，它不具有对合同履行进行担保的性质。因此，在订立合同中，一定要注意区别"定金"与"订金"，正确适用。

实践生活中，常常看到"收到某某订金"等字样，出现纠纷后双方对"订金"的性质也可能产生不同理解。最高人民法院《关于适用〈中华人民共和国担保法〉若干问题的解释》第118条规定：当事人交付留置金、担保金、保证金、订约金、押金或者订金等，但没有约定定金性质的，当事人主张定金权利的，人民法院不予支持。由此可见，定金和订金不同，订金不适用"定金罚则"。

※生活实例※ "订金"不等于"定金"，适用罚则须明确约定

2006年5月，王明在网上发布了售楼信息。当月10日，李玲看到广告前来看房后，对该房屋比较满意，于是双方经过协商签订了房屋买卖协议，李玲当场交给王明6000元，王明给其开了一份收据，上面写道：今收到李玲购房订金6000元整，房款结算时扣除。10天后，又有另一人也来看房，并表示能立即支付全部房款，王明遂将该房屋出售给该人，同时办理了房屋产权过户手续。李玲得知后，要求解除合同并双倍返还订金。问：李玲的主张是否合理？

※分析解答※ 本案涉及定金与订金的区别问题。本案中，王明在与李玲签订了房屋买卖协议后，又将同一房屋出卖给他人并办理了过户手续，导致其与李玲的房屋买卖协议履行不能，构成违约，因此李玲可以要求解除与王明的房屋买卖协议。至于要求双倍返还定金的主张，因收据中写明为"订金"，"房屋结算时扣除"，并没有其他文字表明具有定金的性质，根据最高人民法院《关于适用〈中华人民共和国担保法〉若干问题的解释》第118条的规定，李玲关于双倍返还订金的主张无法律依据，王明将该6000元订金返

还李玲即可。

## 92. 定金未实际交付会产生何种后果?

定金,作为一种金钱担保,是一种实践合同,即除合同当事人的意思表示一致外,还必须有一方实际交付标的物或者其他给付,合同方可成立生效。《担保法》第 90 条规定:定金应当以书面形式约定。当事人在定金合同中应当约定交付定金的期限,定金合同从实际交付定金之日起生效。最高人民法院《关于适用〈中华人民共和国担保法〉若干问题的解释》第 119 条规定,实际交付的定金数额多于或者少于约定数额,视为变更定金合同;收受定金一方提出异议并拒绝接受定金的,定金合同不生效。为了解决实践中规定了定金未实际交付,但在主合同已经履行情况下合同的效力问题,最高人民法院《关于适用〈中华人民共和国担保法〉若干问题的解释》第 116 条规定:当事人约定以交付定金作为主合同成立或者生效要件的,给付定金的一方未支付定金,但主合同已经履行或者已经履行主要部分的,不影响主合同的成立或者生效。即在此种情况下,主合同仍然成立并生效,只是没有了定金担保而已。

❖**生活实例**❖犯"迷糊"多付定金,一旦违约难要回①

某工程公司向某设备租赁公司租赁一批设备,双方约定,工程公司交纳 10 万元定金。但实际交纳定金时,工程公司因工作人员的差错支付了 20 万元给设备租赁公司。后工程公司因承建的工程项目出现问题,没有履行租赁合同。工程公司要求设备租赁公司返还多交的 10 万元定金被拒,为此,工程公司起诉至法院。最终,法院判决驳回工程公司的诉讼请求。

❖**分析解答**❖根据《担保法》的规定,实际交付的定金数额多于或者少于约定数额,视为变更定金合同。如果接受方没有提出

① 法宣:《犯"迷糊"多付定金 一旦违约难要回》,载北京法院网,http://bj-gy.chinacourt.org/public/detail.php? id=35171。

异议的，定金合同变更，并对双方产生法律效力。工程公司实际交付了 20 万元定金，设备租赁公司没有提出异议，即视为变更了定金合同。所以，双方之间的定金为 20 万元。

## ❓ 93. 定金罚则如何适用？

定金罚则，是指给付定金的一方不履行约定的债务的，无权要求返还定金；收受定金的一方不履行约定的债务的，应当双倍返还定金。定金罚则是定金担保效力的体现，最高人民法院《关于适用〈中华人民共和国担保法〉若干问题的解释》对定金罚则的适用还作出了以下规定：

（1）因当事人一方迟延履行或者其他违约行为，致使合同目的不能实现，可以适用定金罚则。但法律另有规定或者当事人另有约定的除外。

（2）当事人一方不完全履行合同的，应当按照未履行部分所占合同约定内容的比例，适用定金罚则。

（3）因不可抗力、意外事件致使主合同不能履行的，不适用定金罚则。

（4）因合同关系以外第三人的过错，致使主合同不能履行的，适用定金罚则。受定金处罚的一方当事人，可以依法向第三人追偿。

❋**生活实例**❋部分履约后，因第三人原因未能继续履约情形下定金罚则的适用

2006 年 8 月，甲公司是为了完成客户的大批订单，遂与乙公司签订了缝纫机买卖合同，约定由乙公司出售给甲公司 50 台缝纫机，价款为 25000 元，2006 年 10 月之前交货。为保证合同的履行，甲公司支付给乙公司 5000 元定金。交付期限届满后，乙公司只交付了 20 台，其余 30 台一直未交付，经多次协商未果后，甲公司将乙公司告上法庭，要求其继续履行合同，并双倍返还定金。法

院经审查认定乙公司未能如期履约是因为与乙公司签订零件供应的丙公司未能按时履约。问：该案是否适用定金罚则？

◈**分析解答**◈此案涉及合同部分履行及因第三人原因未能履行主合同时定金罚则的适用问题。最高人民法院《关于适用〈中华人民共和国担保法〉若干问题的解释》第132条规定：因不可抗力、意外事件致使主合同不能履行的，不适用定金罚则。因合同关系以外第三人的过错，致使主合同不能履行的，适用定金罚则。受定金处罚的一方当事人，可以依法向第三人追偿。本案中，乙公司未能按时全部履约是由于第三人丙公司的过错导致，而不是不可抗力或者意外事件，因此适用定金罚则。此外，乙公司是不完全履约，其交付了20台缝纫机。最高人民法院《关于适用〈中华人民共和国担保法〉若干问题的解释》第120条规定，当事人一方不完全履行合同的，应当按照未履行部分所占合同约定内容的比例，适用定金罚则。

## ❓ 94. 定金的数额有何限制？

定金虽是双方当事人约定的产物，应当遵循双方当事人意思自治原则，但并非可以任意约定数额。我国《担保法》第91条规定：定金的数额由当事人约定，但不得超过主合同标的额的20%。最高人民法院《关于适用〈中华人民共和国担保法〉若干问题的解释》第121条规定，当事人约定的定金数额超过主合同标的额20%的，超过的部分，人民法院不予支持。即超过20%的部分不发生定金的效力。

◈**生活实例**◈**定金数额不得超过主合同标的的20%**

小李和其女友小张结婚在即，遂去某婚纱摄影公司拍摄婚纱照，听了工作人员的介绍后，他们便与该婚纱摄影公司签订了一套价值4000元的婚纱摄影服务合同，并当场支付了定金2000元，约定于下周六来拍摄。但在此期间，两人又因参加某次抽奖活动而获得了一张价值 5000 元的影楼摄影卡，因此便不想继续履行婚纱摄影服务合同，问：两人能否要回 2000 元定金？

※**分析解答**※此案涉及定金数额超过主合同标的额的 20% 时应如何处理的问题。根据我国《担保法》第 91 条的规定，本案中主合同标的额为 4000 元，因此当事人约定的定金数额不应超过 800 元。而小李和小张因无正当理由不履行合同构成违约，因此应适用定金罚则，即其交付于婚纱摄影公司的 2000 元中 800 元作为定金由婚纱摄影公司所有，而剩余的 1200 元应当返还给他们。

## 95. 定金与违约金并存时如何选择适用？

定金是债的担保方式，而违约金则是违约责任的承担方式，二者主要存在以下区别：

（1）目的不同。定金作为债的担保方式，其目的是保证合同的履行，且定金也具有证约和预先给付的作用，而违约金是违约责任的一种。

（2）交付时间不同。无论是何种定金，都是在主合同履行前交付的，而违约金则是在一方当事人违约后交付的。

（3）确定的标准不同。定金虽由双方当事人约定，但有数额限制，不得超过主合同标的额的 20%，而违约金则是根据违约可能造成的损失额确定的，它可以是确定的数额，也可以以违约后损害的计算方式来表现。

在实践中，经常存在当事人既规定违约金，又规定了定金的情况，合同法对此种情况下如何承担违约责任作出了规定。《合同法》第 116 条规定，当事人既约定违约金，又约定定金的，一方违约时，对方可以选择适用违约金或者定金条款。由此可见，两者不可同时适用，只能择一适用。

此外，《合同法》第 114 条规定：当事人可以约定一方违约时应当根据违约情况向对方支付一定数额的违约金，也可以约定因违约产生的损失赔偿额的计算方法。约定的违约金低于造成的损失的，当事人可以请求人民法院或者仲裁机构予以增加；约定的违约金过分高于造成的损失的，当事人可以请求人民法院或者仲裁机构予以适当减少。可见，违约金和损害赔偿金也不得同时主张。

综上可知，定金、违约金、损害赔偿金三者不可同时主张，只能择一适用。

# 第七章 承揽合同纠纷

**❓ 96. 什么是承揽合同？**

　　承揽合同是承揽人按照定作人的要求完成一定的工作，并将工作成果交付给定作人，定作人接受该工作成果并按照约定向承揽人给付报酬的合同。承揽合同的主体是承揽人和定作人。承揽人就是按照定作人指示完成特定工作并向定作人交付该工作成果的人。定作人是要求承揽人完成承揽工作并接受承揽工作成果、支付报酬的人。承揽合同以完成一定工作为目的，定作人是根据承揽人的条件认定承揽人能够完成工作来选择承揽人的，定作人注重的是特定承揽人的工作条件和技能，承揽人应当以自己的劳力、设备和技术，独立完成承揽工作，经定作人同意将承揽工作的一部分转由第三人完成的，承揽人对第三人的工作向定作人承担责任。承揽人应承担取得工作成果的风险，对工作成果的完成负全部责任。承揽人不能完成工作而取得定作人所指定的工作成果，就不能向定作人要求报酬。

　　承揽合同是一大类合同的总称，包括但不限于以下几种承揽工作。

　　（1）加工。所谓的加工就是指承揽人以自己的技能、设备和劳力，按照定作人的要求，将定作人提供的原材料加工为成品，定作人接受该成品并支付报酬的合同。

　　（2）定作。定作就是承揽人根据定作人的要求，以自己的技能、设备和劳力，用自己的材料为定作人制作成品，定作人接受该特别制作成品并给付报酬的合同。定作与加工的区别在于定作中承揽人需自备材料，而不是由定作人提供的。

（3）修理。修理既包括承揽人为定作修复损坏的动产，也包括对不动产的修缮。

（4）复制。复制是指承揽人按照定作人的要求，根据定作人提供的样品，重新制作类似的成品，定作人接受复制品并支付报酬的合同。

（5）测试。测试是指承揽人根据定作人的要求，利用自己的技术和设备为定作人完成某一项目的性能进行检测试验，定作人接受测试成果并支付报酬的合同。

（6）检验。检验是指承揽人以自己的技术和仪器、设备等为定作人提出的特定事物的性能、问题、质量等进行检查化验，定作人接受检验成果，并支付报酬的合同。

日常生活中所涉及的承揽合同并不局限于上述几种行为，其他如印刷、洗染、打字、翻译、拍照、冲卷扩印、广告制作、测绘、鉴定等，都属于承揽工作，适用合同法的调整。承揽合同的内容包括承揽的标的、数量、质量、报酬、承揽方式、材料的提供、履行期限、验收标准和方法等条款。

◈**生活实例**◈承揽合同与雇佣合同如何区分？[①]

我公司经营空调买卖业务，并负责售后免费为客户安装。李某为专门从事空调安装服务的个体户。我公司因安装人员不足，临时叫李某自备工具为客户丙安装空调，并约定了报酬。请问我公司与李某之间的约定是承揽关系，还是雇佣关系？

◈**分析解答**◈承揽合同是承揽人按定作人的要求完成工作，交付工作成果，定作人给付报酬的合同。承揽人应以自己的设备、技术和劳力亲自完成约定的工作，不受定作人的指挥管理。雇佣合

---

① 李宝才、王一：《承揽合同与雇佣合同如何区分？》，载北京法院网，http：// bjgy. chinacourt. org/public/detail. php？id = 70775。

同是指当事人双方约定一方为他方提供劳务，他方给付报酬的合同，雇佣以劳务供给本身为目的。一般认为，如果当事人之间存在控制、支配和从属的关系，由一方指定工作场所、提供劳动工具或设备，限定工作时间，所提供的劳动是接受劳务一方生产经营活动的组成部分的，可以认定为雇佣。反之，则应当认定为承揽。

在本案中，李某自备工具完成指定的工作任务。从合同的目的看，指向的是工作成果，而不是简单地提供劳动；从工作的独立性看，其以自己的设备、技术和劳力完成约定的工作，不受定作人的指挥管理，符合承揽合同的特征。综上，你公司与李某之间构成承揽合同法律关系。

## ❓ 97. 承揽人可以把承担的工作交由他人完成吗？

承揽合同的标的是定作人所要求的，由承揽人所完成工作成果。除合同另有规定的以外，承揽方必须以自己的设备、技术和劳力，完成主要工作，不经第三方同意，不得把接受的任务转让给第三方。承揽人设备、技术和劳力是决定其工作能力的重要因素，也是定作人选择该承揽人完成工作的决定性因素。所谓的设备，是指承揽人进行工作所使用的工具。所谓的技术是指承揽人进行工作所需的技能，包括专业知识、经验等。所谓的劳力指承揽人完成工作所付出的劳动力。这里的"主要工作"一般是指对工作成果的质量起决定性作用的工作，也可以说是技术要求高的那部分工作；如订制服装，量体裁剪和整体裁制是其主要工作。主要工作的质量、数量将决定工作成果是否符合定作人的要求，因此，承揽人作为定作人选择的对象，应当以自己的设备、技术和劳力完成主要工作，否则会影响定作人订立合同的目的。

承揽人将工作交由第三人完成的，定作人同意或者接受的，承揽人对第三人完成的工作成果向定作人负责。定作人不解除合同的，第三人完成工作的，由承揽人对第三人的工作向定作人负责。

当工作成果质量不符合合同约定的质量要求的，定作人有权要求承揽人承担重作、修理、更换和赔偿损失等违约责任。工作成果数量不符合约定的，定作人有权要求承揽人在合理的期限内补齐，造成定作人损失的，承揽人承担损害赔偿责任。工作成果交付迟延的，承揽人应当承担迟延交付的违约责任，并赔偿定作人的损失。

承揽人擅自将工作交由第三人完成的，未经定作人同意的，定作人有权通知承揽人解除合同。因解除合同给定作人造成损失的，定作人可以要求承揽人承担损害赔偿责任。

需要注意的是，承揽人可以自行决定将其承揽的辅助工作交由第三人完成。承揽人将其承揽的辅助工作交由第三人完成的，应当就该第三人完成的工作成果向定作人负责。这里的"辅助工作"是指承揽工作中主要工作之外的部分，是相对于"主要工作"而言的。

根据合同法总则关于合同的变更和转让的规定，债务人转移债务的，应当经债权人同意，但在承揽工作中，因为辅助工作对工作成果的整体质量没有太大的影响，因此承揽人将辅助工作交由第三人完成的，可以不经定作人同意，这样的规定符合承揽工作的一般交易习惯。虽然承揽人可以根据工作需要，自行决定将辅助工作交由第三人完成，但是承揽人应当根据诚实信用原则，认真考察第三人的工作能力，合理地选择第三人。确定第三人后，如果第三人同意完成该部分工作的，承揽人应当将定作人对工作的要求或者是合同中的质量、数量、交付期限的约定如实告知第三人，第三人应当根据承揽人提供的情况，按质按量，按时完成工作。承揽人应当保证第三人完成的工作成果符合定作人的要求。第三人完成的工作不符合定作人的要求，承揽人应当向定作人承担违约责任。

**◈生活实例◈装修公司私自转包，消费者损失谁赔偿①**

小王购买新房后，与某装修公司签订了房屋装修合同。合同约

---

① 谷升：《装修公司私自转包　消费者损失谁赔偿》，载北京法院网，http：//bj-gy. chinacourt. org/public/detail. php？id＝41673。

定的竣工期到来时，小王发现实际所使用的部分装修材料与合同规
定使用的材料不相符，并且厨房的装修质量较差。于是，小王要求
装修公司承担违约责任，赔偿损失。装修公司称，该装修工程已经
转给另一家装修公司，装修质量问题应由转包的装修公司承担责
任。请问，小王的经济损失应该由谁来承担？

❖分析解答❖某装修公司未与小王协商，私自让另一装修公司
进行装修的行为，属于擅自转让承揽合同，应属违约，小王的经济
损失应由与其签订合同的装修公司承担赔偿责任。

## ❓ 98. 承揽合同中，应由哪一方提供材料？

在承揽合同中，材料由哪一方提供，可由双方明确约定。如果
当事人在承揽合同中约定由承揽人提供材料，并约定了提供材料的
时间、材料的数量和质量的，承揽人应当按照约定准备材料。如果
合同中未明确由哪一方提供材料的，但根据合同条款或者通过补充
协议、交易习惯等方式确定应当由承揽人提供材料的，合同中如果
约定了材料提供的时间、数量和质量的，承揽人应当按照约定提供
材料。承揽人准备材料时，还应当备齐有关的资料，如发票、质量
说明书等说明文件以供定作人查看验收。

定作人提供材料的，定作人应当按照约定提供材料。承揽人对
定作人提供的材料，应当及时检验，发现不符合约定时，应当及时
通知定作人更换、补齐或者采取其他补救措施。承揽人不得擅自更
换定作人提供的材料，不得更换不需要修理的零部件。

❖生活实例❖**杨木代替胡桃木，装修公司被起诉**[①]

2008年1月，李某在北京某精品建材装修市场找到某建筑装
饰公司进行房屋装修，双方签订了家庭居室装饰装修合同，建材市
场在合同上盖了管理认证章。合同约定，木材用料为天然胡桃木。

---

① 刘青：《杨木代替胡桃木 装修公司被起诉》，载北京法院网，http://
bjgy. chinacourt. org/public/detail. php？id=23641。

竣工后，李某发现装修质量不合格，经某研究所鉴定装修木料为杨木。李某诉至法院，要求装饰公司返还装修费用并支付鉴定费，建材市场承担连带责任。

◈**分析解答**◈本案中，装修的材料由装饰公司提供，双方约定了装修的材质，装修公司用于完成其承揽的装修工作所用的材料材质应当符合双方的约定，现公司使用了其他的材料，致使质量不合格，当然应当负违约责任。

## 99. 承揽合同中，定作人如何监督与协助完成承揽工作？

　　承揽工作需要定作人协助的，定作人有协助的义务。定作人的协助，是承揽合同适当履行的保障，定作人不协助承揽人进行工作，承揽合同将不能顺利履行，甚至无法履行，双方当事人订立合同的目的难以实现，因此，如果承揽合同需要定作人协助的，即使合同未明确规定定作人协助的，定作人也应当履行协助义务。定作人不履行协助义务致使承揽工作不能完成的，承揽人可以催告定作人在合理期限内履行义务，并可以顺延履行期限；定作人逾期不履行的，承揽人可以解除合同。

　　根据承揽工作的性质，定作人有权在工作期间对承揽的工作进行必要的监督检验，监督检验主要是指对进度、材料的使用、在图纸或者技术要求等方面是否符合合同约定和定作人的要求，如果定作人发现承揽人的工作不符合约定，可以要求承揽人返工、修理或者更换。接受定作人的监督检验是法律为承揽人规定的义务。同时，定作人的监督检验行为不得妨碍承揽人的正常工作。定作人有权对承揽工作进行监督检验，但根据公平原则，定作人的监督检验行为不得给承揽人带来不合理的负担，不得影响承揽人的正常工作秩序。例如，在家装合同中，房主应监督装修公司是否有偷工减料的情况，是否改变了设计方案，是否使用了与合同中约定的品牌不一致的装修材料等。如果房主想临时改变设计方案，不要只简单地和装修工人说一声，而是要和装修公司联系，因为工人在装修时进行较大的改动后，装修公司若事先不知道，是不会对此造成的后果承担责任的。装修中的隐蔽工程完工之后，要检查其质量是相当困难的，而要维修、改建更加麻烦。至于电气线路、燃气管道、通风管道的埋设处理如有不当，更是隐患无穷。因此，在隐蔽工程完工前，房主最好多查看施工进度，以防后患。

## 100. 承揽人交付的工作成果质量不符合约定如何承担违约责任？

承揽人完成工作的，应当向定作人交付工作成果，并提交必要的技术资料和有关的质量证明。定作人应当验收该工作成果。

交付工作成果包括两个方面的内容：一是将工作成果交给定作人，二是向定作人提交必要的技术资料和有关的质量证明，承揽人按照合同约定的时间完成工作后，应当按照合同约定的时间、地点和方式将工作成果交给定作人占有。合同约定由定作人自提的，承揽人应当在工作完成后，通知定作人提货，在工作完成的地点或者定作人指定的地点，将工作成果交给定作人占有，承揽人完成工作的地点或者定作人指定的地点为交付地点，承揽人通知定作人提货的日期为交付日期。合同约定由承揽人送交的，承揽人在工作完成后，自备运输工具，将工作成果送到定作人指定的地点并通知定作人验收。定作人指定的地点为交付地点，定作人实际接受的日期为交付日期。工作成果附有技术资料和有关质量证明的，承揽人应当在交付工作成果时，一同交付。

承揽人交付工作成果后，定作人应当及时进行验收，检验工作成果是否符合质量要求。经验收发现工作成果不符合约定的，定作人应当在约定的期限内通知承揽人。如果当事人未约定异议期限的，定作人应当在收到工作成果后的合理期间内将工作成果不符合质量要求的情况及时通知承揽人。定作人未及时检验，或者在检验发现问题后怠于通知，或者在收到工作成果之日起两年内未通知承揽人的，视为工作成果的数量或者质量符合要求，即使事实上工作成果不符合质量要求，承揽人也不承担违约责任。

承揽人交付的工作成果不符合质量要求，定作人在合理期限内提出质量异议的，定作人可以要求承揽人承担修理、重作、减少报酬、赔偿损失等违约责任。

◈**生活实例1**◈**改装暖气发生爆裂，安装、物业公司成被告**①

2008年4月，方先生与安装公司商量为其新房暖气片进行位移，方先生要求用原装暖气片，但安装公司坚持原有暖气片安装不上，决定改管。为此双方还签订了保修协议。之后，经过物业公司验收合格后，开始使用。2008年10月1日，方先生正式入住，但是没到半年，家里就被水浸泡，家里所有的新家具和木地板全都变形，让方先生心疼不已。

方先生想到幸亏自己有质量保证书，赔偿应该不是什么难事。可随之烦恼就来了，安装公司和物业公司推来推去，没有解决赔偿问题，方先生一怒之下将安装公司和物业公司告上法庭，要求二被告承担各项经济损失15万元。

◈**分析解答**◈在新房装修导致房屋漏水的案件中，关键是要分析跑水的原因，找准被告。大多数物业公司会在装修前明确告知业主私改暖气造成损失物业公司概不负责，并签有书面协议。私改暖气后发生跑水，要求物业公司或开发商承担责任一般很难被支持。对于正规的装修公司，只要按照装修合同公章上的公司全称起诉即可；如果是个体装修队，要起诉个体业主；无固定场所或工人的"装修游击队"，流动性大，被告难确定，只能具体案件具体分析。因此，本案中原告的诉求是否能获得法院的支持需要根据案件的具体情况确定。

---

① 邹冉：《改装暖气发生爆裂　安装、物业公司成被告》，载北京法院网，http://bjgy.chinacourt.org/public/detail.php? id=77544。

◈**生活实例 2**◈ **定作的红木家具被木匠刻字留名，可要求赔偿①**

华某平时喜欢古玩收藏，年初经人介绍找到木匠王某定作了一套红木家具。华某和王某口头约定，由王某按华某提供的红木木料和样式制作一套红木仿古家具。完工后，华某发现家具上都被刻上了"王息庐制"的字样，而"息庐"正是王某的艺名。家具上刻字影响了家具的美观，并且造成了家具的贬值。华某能否请求王某承担违约责任，赔偿因刻字给其造成的家具贬值的损失？

◈**分析解答**◈根据我国相关法律规定，华某和王某关于定作红木家具的口头约定属于加工承揽合同。王某作为定作合同的承揽人，应按定作人的要求交付工作成果。王某未经许可私自在家具上刻字显属不妥，可以确认王某交付的成果存在瑕疵。因此，可以请求王某承担违约责任。

## 101. 定作人不付款时承揽人可以不交付工作成果吗？

在承揽合同中，定作人向承揽人支付报酬是定作人的基本义务。定作人支付报酬的前提是承揽人交付的工作成果符合合同约定的质量和数量，不符合质量、数量要求的，定作人可以不支付报酬或者相应减少报酬。定作人应当按照合同约定的期限，以合同约定的币种、数额，向承揽人支付报酬。如果承揽人提供材料，定作人应当向承揽人支付材料费。

如果承揽合同对支付报酬的期限没有约定或者约定不明确的，当事人可以协议补充约定报酬支付期限，定作人按照补充约定的期限向承揽人支付报酬。当事人不能达成补充协议的，定作人按照合同有关条款或者交易习惯确定的支付期限，向承揽人支付报酬。仍不能确定的，定作人应当在承揽人交付工作成果的同时支付，也就

① 王晓芳：《定作的红木家具被木匠刻字留名，我可否要求赔偿？》，载北京法院网，http://bjgy.chinacourt.org/public/detail.php? id=72105。

是承揽人将其完成的工作成果交给定作人占有的时间，为定作人支付报酬的时间。

定作人未向承揽人支付报酬或者材料费等价款的，承揽人对完成的工作成果享有留置权，但当事人另有约定的除外。留置权是指债权人对按照合同约定占有债务人的财产，在债务人不按照合同约定的期限履行债务时，留置该财产以实现债权的权利。留置权是一种法定担保方式，它依法律规定而发生，而不论当事人之间的协议是否有约定，当然，如果双方的协议明确排除了承揽人的留置权，则该约定有效。根据担保法的规定，付款期限届满时，定作人未向承揽人支付报酬或者材料等价款的，承揽人有权留置工作成果，并通知定作人在不少于两个月的期限内支付报酬以及其他应付价款，定作人逾期仍不履行的，承揽人可以与债务人协议将留置的工作成果折价，也可以依法拍卖、变卖该工作成果，以所得价款优先受偿。受偿的范围包括定作人未付的报酬及利息、承揽人提供材料的费用、工作成果的保管费、合同中约定的违约金以及承揽人的其他损失等。工作成果折价或者拍卖、变卖后，其价款超过定作人应付款额的，归定作人所有，不足部分由定作人清偿。

根据当事人的意思自治，如果当事人约定承揽人不能留置工作成果的，承揽人不得留置工作成果，在工作完成时，承揽人应当按照约定向定作人交付工作成果。如果定作人未能按照约定支付报酬或者材料费的，承揽人只能要求定作人支付报酬或者材料费以及承担约定的违约责任。

## 102. 承揽合同中定作人可以解除合同吗？

在承揽合同中，定作人除了享有一般的解除权外，还享有随时解除合同的权利，这是承揽合同的一大特点，也是由于承揽合同性质所决定的。承揽合同是定作人为了满足其特殊需求而订立的，承揽人根据定作人的指示进行工作，如果定作人于合同成立后由于各种原因不再需要承揽人完成工作，则应当允许定作人解除合同。定作人解除承揽合同造成承揽人损失的，应当赔偿损失。这些损失主要包括承揽人已完成的工作部分所应当获得的报酬、承揽人为完成这部分工作所支出的材料费以及承揽人因合同解除而受到的其他损失。

合同解除后，承揽人应当将已完成的部分工作交付定作人。定作人提供材料的，如有剩余，也应当返还定作人。定作人预先支付报酬的，在扣除已完成部分的报酬外，承揽人也应当将剩余价款返还定作人。

❀**生活实例**❀ **定作人有权随时要求解除合同**①

刘某提供四块木料给家具厂订制一个书柜，开工不久，刘某觉得书柜样式太古板，要求家具厂停止制作。家具厂认为这是无理要求，便继续使用剩下三块木料，按原定式样做好了衣柜。刘某是否可以要求家具厂赔偿损失？

❀**分析解答**❀ 《合同法》第268条规定：定作人可以随时解除承揽合同，造成承揽人损失的，应当赔偿损失。本例中合同解除的时间为刘某通知家具厂的时间，在此之后，家具厂仍做完了剩下的木料加工，其加工费自行承担。因此给刘某造成的三块木料的损失，家具厂应当赔偿。

---

① 李宝才、王一：《定作人能否随时要求解除合同?》，载北京法院网，http：// bjgy. chinacourt. org/public/detail. php? id =70776。

# 第八章　运输合同纠纷

## 103. 什么是客运合同?

客运合同是承运人将旅客从起运地点运输到约定地点,旅客支付票款或者运输费用的合同。

在客运合同中,承运人的义务是在约定期间或者合理期间内,按照约定的或者通常的运输路线将旅客安全运输到约定地点,权利是收票款;而旅客的权利和义务与其对应,权利是要求承运人将其运输到约定地点,义务是向承运人支付票款。承运人未按照约定路线或者通常路线运输增加票款的,旅客、托运人或者收货人可以拒绝支付增加部分的票款。

根据《合同法》的规定,客运合同自承运人向旅客交付客票时成立,但当事人另有约定或者另有交易习惯的除外。在普通情况下,客票就是旅客运输合同成立的凭证,也就是说,承运人向旅客签发的客票证明了承运人和旅客之间订立了合同。所以,旅客运输合同的成立时间一般即是旅客客票的取得时间。但是在运输合同的当事人另有约定的情况下,旅客运输合同的成立时间可以不是在客票的交付时成立;在另有交易习惯的情况下,旅客运输合同的成立时间也可以不在交付客票时成立,例如在出租车运输中,客票的交付时间一般在运输行为完成后,按出租车运输的交易习惯,该运输合同在旅客登上出租车时就成立。

旅客在运输中应当按照约定的限量携带行李。超过限量携带行李的，应当办理托运手续。旅客不得随身携带或者在行李中夹带易燃、易爆、有毒、有腐蚀性、有放射性以及有可能危及运输工具上人身和财产安全的危险物品或者其他违禁物品。旅客违反这一规定的，承运人可以将违禁物品卸下、销毁或者送交有关部门。旅客坚持携带或者夹带违禁物品的，承运人应当拒绝运输。

## ❓ 104. 公共汽车可以拒绝携带大件行李的乘客上车吗？

《合同法》规定，从事公共运输的承运人不得拒绝旅客、托运人通常、合理的运输要求。公共运输的承运人的运输行为除了具有商业性的一面外，还由于其是面向社会大众的运输，具有公益性的一面，因此不得拒绝旅客、托运人通常的、合理的运输要求。但在运输工具已满载的情况下，从事公共运输的承运人可以拒绝旅客的乘坐要求。由于不可抗力导致不能正常运输的情况下，从事公共运输的承运人也可以拒绝旅客或者托运人要求按时到达目的地的要求。"通常、合理"意味着从事公共运输的承运人不得对旅客或者托运人实行差别待遇。公共汽车可以根据有关规定要求携带大件行李的乘客为行李缴费，但不得拒绝携带大件行李乘客上车，除非车辆的客观情况造成其无法乘坐。

## ❓ 105. 无票乘车的，客运合同有效吗？

客票是旅客运输合同的证明，旅客持有的客票一般也就意味着其与承运人之间有运输关系的存在，旅客凭客票就可以要求承运人履行运输的义务，旅客应当持有效客票乘运。旅客无票乘运、超程乘运、越级乘运或者持失效客票乘运的，应当补交票款，承运人可以按照规定加收票款。旅客不交付票款的，承运人可以拒绝运输。

对于无票乘运、超程乘运、越级乘运或者持失效客票乘运的旅客，补足票款是其义务，至于是否按规定向乘客加收票款，则由承运人自己酌情处理。当然在旅客拒不交付票款，承运人在适当地点令其离开运输工具后，承运人仍有权向旅客追偿。

## 106. 旅客买票后没赶上时间乘坐怎么办？

客票是旅客运输合同的凭证，在客票上通常都载明了航次或者车次、运输开始的时间、客位的等级和票价等内容。旅客自己应当在客票载明的时间内乘坐。如果旅客因自己的原因不能按照客票记载的时间进行乘坐的，承运人或者有关部门的规定一般都允许旅客在一定的时间内退票或者变更客票。也就是说，在客票载明的乘坐时间前，承运人或者有关部门规定一般都给予了旅客单方解除运输合同或者单方变更运输合同的权利，但是这种权利是有时间限制的，如果旅客在约定的时间内不办理退票或者变更手续，则超过该时间后，承运人可以不退票款，并且也不再承担运输旅客的义务。例如在铁路运输中，铁路承运人一般都规定在火车开车前几个小时后，就不再办理旅客的退票或者变更客票的手续。同时还规定，旅客退票的，一般要对承运人赔偿一定的损失；旅客变更客票的，承运人一般要收取一定的手续费。

如果旅客不能按照客票的时间乘坐的原因是由于承运人或不可抗力、意外事件等造成的，则承运人应根据公平原则予以处理。如果客票上记载的出发时间或者出发时间错误或者引人误解，导致旅客误了乘坐时间，乘客可以要求承运人承担相应的违约责任。

承运人迟延运输的，旅客可以要求承运人安排改乘其他班次或者退票。此时对于旅客要求退票的，承运人应当全额退还票款。

◈**生活实例**◈旅客起诉春运期间"不晚于开车前6小时退票"违约被驳[①]

2008年2月7日正月初一，旅客刘某从火车票代售处购买了

---

① 于春华：《旅客起诉春运期间"不晚于开车前6小时退票"违约被驳》，载北京法院网，http://bjgy.chinacourt.org/public/detail.php? id=65770。

一张 2008 年 2 月 8 日 12 时 57 分发车的火车票，因故不能乘坐该次列车，便于 2008 年 2 月 8 日上午 9 点 5 分到北京西客站退票窗口办理退票。工作人员验票后，以刘某"没有在开车前 6 小时之前办理退票"为由拒绝退票。刘某认为，其与铁路运输部门的铁路旅客运输合同即火车票上《铁路旅客乘车须知》中关于退票时间的约定是"开车前"，铁路局作为承运人应当按照双方合同约定在"开车前"办理退票，铁路局违反约定拒绝退票，应承担违约责任。刘某将铁路局告上法庭，请求法院判令铁路局返还购票款 55 元，支付交通费、查询费 40 元。

被告铁路局认为，国家铁路运输主管部门即铁道部为了保证春运这个特殊时期的铁路运输安全、有序、可控，使广大铁路旅客走得了，走得好，于 2008 年 1 月 7 日向全国各铁路局发出《关于调整春运期间旅客退票时间及改签车票办法的通知》，决定从 1 月 23 日到 3 月 2 日的春运期间，一般旅客退票时间调整为不晚于开车前 6 小时。铁道部所作出的调整春运期间旅客退票时间的决定是国家行政机关即政府的决定，属于国家行政机关制定的抽象行政行为，而且铁路局通过报纸、网络等媒体、在车站公告等方式向社会广泛进行了宣传告知，原告应当知道春运期间退票时间已调整，铁路局执行铁道部的规定未给原告退票不构成违约。

法院经审理认为，火车票是铁路旅客运输合同的基本凭证，其规格样式由铁道部统一规定，火车票上载明的内容即发站和到站站名、座别、卧别等并不是铁路旅客运输合同的全部内容，而只是主要内容，合同双方的其他权利义务由国家有关铁路旅客运输的法律、法规、规章，尤其由《铁路旅客运输规程》明确加以规定，并以公开出版发行等方式向社会公众公示告知。旅客购买火车票，就应视为对这些相关规定的认可，即上述相关规定就应该成为合同的内容，由双方当事人共同遵守。火车票背面的《铁路旅客乘车须知》中虽有"如不能按时乘车，须在开车前办理退票手续"的内容，但同时也有"未尽事项请参阅《铁路旅客运输规程》"的内容。铁道部作为全国铁路运输企业的主管部门，为更好地利用运能，决定春运期间将一般旅客退票时间调整为"不晚于开车前6小时"，北京市铁路局对此已经进行了广泛的宣传告知。刘某在此之后购买火车票就表示其自愿接受被告提供的运输服务，应当视为对春运期间调整退票时间规定的认可。据此，法院一审驳回了刘某的诉讼请求。

◈**分析解答**◈我国铁路运输行业管理政企尚未完全分开，铁道部仍然是属于国务院组成部门，具有制定行政规章等规范性文件的权限，因此，铁道部制定的《关于调整春运期间旅客退票时间及改签车票办法的通知》、《铁路旅客运输规程》等文件目前尚难以为法律所否认，因此，本案中原告的败诉是可以预期的。

## 107. 承运人迟延运输的有什么责任？

承运人按照客票记载的时间和班次对旅客进行运输是其义务，否则就是对运输合同的违反。不论是由于承运人的责任造成的，还是由其他原因造成的运输迟延，如何处理的选择权都在旅客手中。根据本条的规定，旅客可以要求退票。如果旅客还要求继续乘坐运输工具的，承运人应当根据旅客的要求安排旅客改乘其他班次以到达目的地。《铁路法》第12条规定，铁路运输企业应当保证旅客按车票载明的日期、车次乘车，并到达目的站。因铁路运输企业的责任造成旅客不能按照车票载明的日期、车次乘车的，铁路运输企业应当按照旅客的要求，退还全部票款或者安排改乘到达相同目的站的其他列车。

承运人应当向旅客及时告知有关不能正常运输的重要事由和安全运输应当注意的事项。承运人擅自变更运输工具而降低服务标准的，应当根据旅客的要求退票或者减收票款；提高服务标准的，不应当加收票款。

## ？ 108. 承运人对旅客的人身和财产安全应负什么义务?

承运人应当将旅客安全运输到约定地点。安全运输不但包含了承运人本身要采取措施保证旅客的安全,在运输过程中,对于患有急病、分娩、遇险的旅客,承运人还应当尽力救助。这是承运人在运输过程所应承担的道德义务,也是法律规定的法定义务。如果未尽此义务,要承担责任。这一规定适用于按照规定免票、持优待票或者经承运人许可搭乘的无票旅客。

在旅客运输致乘客人身伤害的法律关系中,实行的是无过错责任,即不论承运人是否有过错,承运人应当对运输过程中旅客的伤亡承担损害赔偿责任,但伤亡是旅客自身健康原因造成的或者承运人证明伤亡是旅客故意、重大过失造成的除外。

由于运输方式的不同,风险的程度也不一样,所以各专门法对旅客运输中承运人的免责事由也不一样。根据特别法优于普通法的原则,特别法有不同的规定时,应当适用特别法的规定。例如《民用航空法》第124条规定的免责事由只有旅客的健康原因,对于不可抗力造成旅客人身伤亡的,在民用航空中,承运人仍应当承担责任。各专门运输法对承运人的赔偿的数额基本上都作了限制性规定,应当依照其规定执行。

同时,承运人也应当尽足够的责任和义务保证物品的安全,如果由于承运人原因造成了旅客的自带物品毁损灭失的,承运人应当负赔偿责任。但承运人对旅客的财产安全实行的是过错责任原则,也就是说,在发生旅客自带物品毁损、灭失的情况下,承运人对自带物品的毁损、灭失有过错的,才承担责任。旅客自己随身携带行李,所以其也应当尽足够的注意保护这些物品。旅客托运的行李毁损、灭失的,适用货物运输的有关规定。

**◈生活实例◈ 事故双方负同等责任，承运人对旅客仍须负全责①**

2007 年 10 月 21 日，原告刘先生乘坐被告王女士的小客车外出打工，途中该车与他人车辆相刮，致使原告身体受伤。该事故经公安局交通队认定事故双方负同等责任。原告治疗结束后向被告王女士提起旅客运输合同诉讼，要求被告赔偿各项损失 8600 余元。被告庭审中称，此次交通事故，事故双方负同等责任，故只同意在责任比例内赔偿原告损失。

法院审理认为，原告乘坐被告的小客车外出打工，双方形成了旅客运输合同关系。由于被告驾车与他人发生交通事故，致使原告受伤，根据法律规定，被告作为承运人应当对运输过程中的伤亡承担赔偿责任。此案，原告依法有权选择侵权之诉或者旅客运输合同之诉，现原告选择旅客运输合同之诉，请求被告全额赔偿依法有据，法院对原告的合理损失应予支持。被告要求按照事故责任比例承担赔偿责任的辩解意见不符合法律规定，法院不予采信。故此法院判决被告王女士赔偿原告各项损失 5600 余元。

**◈分析解答◈** 在因交通事故导致的旅客运输合同纠纷中，机动车一方往往以不负事故责任或不负事故全责为由来要求减少赔偿，实际上这是没有任何法律依据的。事故责任是机动车一方与事故相对人之间就事故发生原因所作的过错大小的划分，这一责任的大小与乘客没有任何法律上的关系，在旅客运输合同关系中，运输人承担的是无过错责任，不论其是否有过错，只要造成了乘客的人身伤害，都应当予以赔偿，除非乘客有故意的情形。

---

① 尤文军：《事故双方分担责　旅客向承运人全额索赔获支持》，载北京法院网，http：//bjgy. chinacourt. org/public/detail. php? id = 64124。

# 第九章　保管合同纠纷

## ❓ 109. 什么是保管合同？

保管合同是保管人保管寄存人交付的保管物，并返还该物的合同。保管物品的一方称为保管人，其所保管的物品称为保管物，交付物品保管的一方称为寄存人。

寄存人和保管人可以约定保管是有偿的，也可以约定保管是无偿的。如果约定保管是有偿的，寄存人应当按照约定的数额、期限、地点向保管人支付报酬，否则承担违约责任。寄存人和保管人没有就是否支付报酬作出约定，或者约定不明确的，双方可以协议补充，不能达成补充协议的，按照合同有关条款或者交易习惯确定。如果仍不能确定是有偿的，保管是无偿的。即当事人未约定保管是有偿的或者是无偿的，按照合同有关条款或者交易习惯不能确定保管是有偿的情况下，保管就应推定是无偿的。有偿的保管合同，寄存人向保管人交付保管物的，保管人应当给付保管凭证，但另有交易习惯的除外。

对于有偿的保管合同，寄存人未按照约定支付保管费以及其他费用的，保管人对保管物享有留置权，但当事人另有约定的除外。

保管合同为实践合同，自保管物交付时成立，即保管合同的成立，不仅须有当事人双方意思表示一致，而且须有寄存人将保管物交付给保管人，即寄存人交付保管物是保管合同成立的要件。保管合同尽管以保管物的交付为成立要件，但当事人另有约定的除外。

如果双方约定合同签字即生效，则双方当事人自合同签字之日起即受合同约束，双方应当按照合同的约定履行自己的义务，不得擅自变更或者解除合同，否则承担违约责任。例如车主与停车场订立的保管协议中约定签字即生效，则不论车辆是否停放在停车场内，都应付费。

◈**生活实例**◈车棚赔偿约定不公却照存，丢车后依错担责①

王女士在 2008 年 7 月 10 日 15 点左右，花费 360 元买了一辆全新的自行车，并于当日 16 时将车锁上，存放在某存车棚内，且与车棚管理员韩某办完当月存车手续，交纳 2 元存车费后领取了存车牌。第二天上午，王女士到存车棚取车时发现车辆已丢失，车棚管理员韩某只同意赔偿王女士 100 元。在居委会调解无果的情况下，王女士向法院提起诉讼，要求韩某按照 360 元的购车原价赔偿自己的损失。车棚管理员韩某则辩称其提前通知了王女士，如存车发生丢失，只是按照车的新旧程度赔偿，旧车赔偿 50 元，新车赔偿 100 元。王女士表示，其认可上述内容，但提出所在小区仅有一处存车棚，自己是在别无选择的情况下将车存入该车棚的，韩某提出的赔偿方式有失公平。法院经过审理，最终判决韩某赔偿王女士自行车损失费 250 元。

◈**分析解答**◈本案中韩某作为存车棚的经营者，对小区住户存入车棚的车辆负有保管义务。王女士将其新购买的自行车存入该车棚，并向韩某交纳了当月的存车费用，领取了存车凭证，表明双方保管合同成立。在合同履行过程中，由于韩某对王女士的自行车保管不善，造成丢失，故韩某应承担损害赔偿责任。尽管韩某事先已告知王女士出现车辆丢失的风险责任和赔偿方式，但该承担责任方式显失公平；王女士作为合同当事人，在订立合同时对韩某提出的赔偿方式未提出异议，表明其认可出现车辆丢失的风险。由此可见，双方均有订约过错，故应对于其过错所导致的后果承担相应

---

① 母冰：《车棚赔偿约定不公却照存，丢车后依错担责》，载北京法院网，http：//bjgy. chinacourt. org/public/detail. php？id＝75192。

责任。

## 110. 保管物的安全由谁负责?

保管人应当妥善保管保管物。当事人可以约定保管场所或者方法。除紧急情况或者为了维护寄存人利益的以外,不得擅自改变保管场所或者方法。

保管人负有返还保管物的义务,即保管合同只是转移物的占有而不转移物的所有权。保管合同的目的是为寄存人保管保管物,即维持保管物的现状并予以返还。因此保管人为返还保管物并实现合同目的,应当妥善保管保管物,这是保管人应负的主要义务之一。保管人在未征得寄存人同意的前提下,不得将保管物转交第三人保管,即应当亲自保管保管物。当事人另有约定的,不在此限。如双方当事人约定,当保管人患病而不能亲自保管时,可以不经寄存人同意而将保管物转交第三人保管。

保管区分为有偿和无偿,从而对保管人提出了不同的要求。因为无偿保管主要是社会成员之间相互协助,而有偿保管则是商业行为,从商业道德的特殊要求出发,对有偿保管的保管人的要求应当更高,责任应当更重。受寄是无偿的,对于重大过失承担赔偿责任,对于轻过失造成保管物毁损、灭失的,则可免除责任。受寄是有偿的,受寄人除证明自己对保管物的毁损、灭失没有过失的以外,一律承担损害赔偿责任。

依合同法的规定,当事人可以约定保管场所或者保管方法。当事人已经约定的,应当从其约定;当事人无约定的,保管人应当依保管物的性质、合同目的以及诚实信用原则,妥善保管保管物。当事人约定了保管场所或者保管方法的,除紧急情况或者为了维护寄存人利益的以外,不得擅自改变保管场所或者方法。所谓紧急情况,如保管物因第三人的原因或者因自然原因,可能发生毁损、灭失的危险时,保管人除应当及时通知寄存人外,为了维护寄存人的利益，可以改变原来约定的保管场所或者保管方法。

寄存人交付的保管物有瑕疵或者按照保管物的性质需要采取特殊保管措施的，寄存人应当将有关情况告知保管人。寄存人未告知，致使保管物受损失的，保管人不承担损害赔偿责任；保管人因此受损失的，除保管人知道或者应当知道并且未采取补救措施的以外，寄存人应当承担损害赔偿责任。寄存人寄存金钱、有价证券、珠宝或者其他贵重物品的，保管人应当按照贵重物品保管要求保管寄存的贵重物品。

第三人对保管物主张权利的，除依法对保管物采取保全或者执行的以外，保管人应当履行向寄存人返还保管物的义务。第三人对保管人提起诉讼或者对保管物申请扣押的，保管人应当及时通知寄存人。

❖生活实例❖无偿保管朋友古画却遭窃，应该担责吗？①

2006 年，朋友出国时托付小刘帮他保管一幅古画。小刘当着他的面把古画锁在保险柜里，并把钥匙一并交给了他。但后来，小刘家里失窃，保险柜被撬开，致使古画丢失。后经报案侦查，找回了古画，但因几经流转，已残破不堪。朋友回来见古画已面目全非，便向小刘索赔损失。请问，小刘应该赔偿吗？

❖分析解答❖小刘和他的朋友之间已经形成保管合同关系。小刘保管朋友的古画是一种无偿的保管行为。根据《合同法》第 374 条之规定：保管期间，因保管人保管不善造成保管物毁损、灭失的，保管人应当承担损害赔偿责任，但保管是无偿的，保管人证明自己没有重大过失的，不承担损害赔偿责任。因小刘家失窃不是小刘的过失，所以小刘不用赔偿。

## ❓ 111. 保管物毁损灭失的，保管人负什么责任？

根据《合同法》第 374 条规定，保管期间，因保管人保管不

---

① 马立科：《无偿保管朋友古画却遭窃，我应该担责吗？》，载北京法院网，http：//bjgy.chinacourt.org/public/detail.php？id＝75082。

善造成保管物毁损、灭失的，保管人应当承担损害赔偿责任，但保管是无偿的，保管人证明自己没有重大过失的，不承担损害赔偿责任。

保管人承担赔偿责任的条件有：（1）保管物必须是在保管期间毁损、灭失的，如果保管物在保管合同成立之前或者保管期间届满以后毁损、灭失的，保管人不承担赔偿责任。（2）保管物的毁损、灭失是由于保管人保管不善造成的，而不是由于不可抗力、第三人侵害以及其他原因造成的。（3）法定的免责情形不存在。保管物有瑕疵或者按照保管物的性质而要采取特殊保管措施，寄存人未告知，而致使保管物受损失的，保管人不承担损害赔偿责任。保管物在保管期间毁损、灭失，但保管是无偿的，并且保管人证明自己没有重大过失或者故意，不承担损害赔偿责任。重大过失是指保管人对保管物明知可能造成毁损、灭失而轻率地作为或者不作为。以上三个条件缺一不可。

无偿与有偿保管合同的保管人责任有所不同，在有偿的情况下，无论保管人是故意还是过失，保管人都应对保管物的毁损、灭失负责；在无偿的情况下，保管人只对故意或者重大过失造成保管物毁损、灭失的后果负责，轻微过失不负责。

需要注意的是，寄存人寄存货币、有价证券或者其他贵重物品的，应当向保管人声明，由保管人验收或者封存。寄存人未声明的，该物品毁损、灭失后，保管人可以按照一般物品予以赔偿。

◈**生活实例**◈**储物柜存放物品丢失，商场赔顾客500元**①

2007年8月9日，原告王小姐与朋友共6人到某超市购物。王小姐称，将随身携带的两个包裹寄存在自动储物柜内，内有松下数码相机、充电器、耳机、电池、洗漱用品、拖鞋、帽子、衣服、化妆包、面膜等物。待购物结束提取寄存物品时发现密码失效，无法取出物品，后打开所有储物柜后均未找到自己的物品。

---

① 韦悦：《储物柜存放物品丢失　家乐福赔顾客500元》，载北京法院网，ht-tp：//bjgy．chinacourt．org/public/detail．php？id＝57823。

王小姐认为，被告某超市为防止其商品被窃，提供储物柜，要求购物者存包。被告有义务保障购物者的人身、财产安全。但被告并未尽到其安全监管义务，造成原告物品丢失，被告对原告物品的丢失存在重大过失，应当承当赔偿责任，要求超市赔偿经济损失7500元。超市辩称，王小姐当时称不能打开储物柜，其所拿的密码条经现场的管理员检测已失效，证明密码条已使用过。储物柜均有多处提示：免费储物，明示操作步骤，明示现金、支票、票据、手机、随身听、摄影机、照相机、首饰不予寄存。

法院审理后认为，王小姐存于超市储物柜内的物品丢失，保管人超市应负有证明自己没有重大过失的举证义务，但超市对此未提供充分证据，且其监控摄像头被立柱挡住形成监控盲区，亦证明其在行使安全保障义务的过程中存在过错。因此，超市应对王小姐物品丢失的损害结果承担相应赔偿责任。根据《合同法》第375条的规定，王小姐称其寄存了数码相机等贵重物品，但未在存包前向保管人超市予以声明，对此，判决超市仅按一般物品向王小姐赔偿500元。

❀**分析解答**❀在保管合同中，责任的有无首先要看合同的性质是有偿还是无偿。超市提供储物柜供顾客免费存放物品，并不说明该保管合同是免费合同，在这样一个保管关系中，超市仍然是有利益的，这一利益即顾客在该超市消费的可期待利益，不论顾客是否购物，这一利益均已实现。因此，应当按有偿合同来判断超市的责任大小。但要求超市承担损害赔偿责任的前提是损失数额的确定，对此，顾客应承担举证责任，如果其举证不了确实的损害大小，只能按一般物品酌定适当的损失数额予以赔偿。

## ❓ 112. 保管人可以使用保管物吗？

保管合同，寄存人只转移保管物的占有给保管人，而不转移使用和收益权，即保管人只有权占有保管物，而不能使用保管物。这是保管合同的一般原则，《合同法》明确规定保管人不得使用或者许可第三人使用保管物，当事人另有约定的不在此限。保管人未经寄存人同意而擅自使用或者许可第三人使用保管物，造成保管物损坏的，保管人应当承担损害赔偿责任。

## ❓ 113. 寄存人必须按约定期限取回保管物吗？

保管合同中，不论是否约定了保管期间，寄存人都可以随时领取保管物。当事人对保管期间没有约定或者约定不明确的，保管人可以随时要求寄存人领取保管物；约定保管期间的，保管人无特别事由，不得要求寄存人提前领取保管物。

保管期间届满或者寄存人提前领取保管物的，保管人应当将原物及其孳息归还寄存人。孳息是指原物产生的物。包括天然孳息和法定孳息。天然孳息是原物根据自然规律产生的物，如幼畜。法定孳息是原物根据法律规定带来的物，如存款利息、股利、租金等。根据物权的一般原则，除法律或合同另有约定外，孳息归原物所有人所有。在保管合同中，保管人并不享有保管物的所有权，所有权仍归寄存人享有。因此保管人除返还保管物外，如果保管物有孳息的，还应一并返还孳息。

保管人保管货币的，可以返还相同种类、数量的货币。保管其他可替代物的，可以按照约定返还相同种类、品质、数量的物品。

## ❓ 114. 业主在小区内丢车，物业该赔偿吗？

物业公司管理的小区面积较大，停放的车辆较多，为使不能进入正规收费停车场的车辆在小区内能停车有序，物业公司对车辆的停放进行管理是有必要的，而物业公司为实施管理，适当收取相应费用不等同于一般意义上的保管费。但也不排除有的物业公司与业主通过合同特别约定较为严格的保管责任，有时可以根据物业公司开具票据确定双方的法律关系。如果明确标明是保管费，就应按保管合同来处理，如果没有明确是保管费，一般按物业管理服务合同处理，物业公司所负担的保管责任相对要轻一些。

❀**生活实例**❀**业主越野车小区内丢失，物业赔偿一万**[①]

小赵在某小区购买了房屋一套，虽然并未与物业公司签订书面物业合同，但他均按时向物业交付水、电、停车、综合服务等费用，接受物业公司提供的服务。后小赵购买了一辆价值50多万元的越野客车，该车未投保车辆盗抢险。小区设有停车场所，24小时有人值班。小赵就将车停在小区内，几年来均平安无事。谁知去年年初，小赵向物业公司交纳了第一季度的停车泊位费300元后没多久就丢了。经查，当日该车驶入停车场时，物业公司停车管理部门进行了登记，但该车驶出时停车管理部门没有登记。小赵核实家人没有开走车辆后立即报案。小赵认为自己与物业公司间存在保管合同关系，物业公司未履行保管职责存在过错，应当对自己车辆的丢失承担赔偿责任，于是起诉至法院要求物业公司赔偿车辆折旧后的损失40多万元。

法院经审理认为，小赵与物业公司间不存在保管合同关系。保管合同是保管人保管寄存人交付的保管物，并返还保管物的合同，以保管物的交付和转移占有为主要特征。本案中，双方就车辆的停放没有书面合同约定权利义务，物业公司收取的是停车占位费，小赵以及小赵许可的车辆驾驶人在停放车辆时并未将车辆交付给物业公司，车辆停放后车辆的占有权依然由小赵行使。所以双方未形成保管合同关系，不应按照保管合同关系确定双方权利义务。双方虽没有签订书面的物业合同，但存在事实上的物业合同关系，停车管理应属物业公司服务范围，物业公司经营停车场得到了相关行政部门的许可，物业公司亦应按照《北京市居住小区机动车停车管理办法》的规定履行自己的职责，在实际履行过程中物业公司违反

---

① 王莉、白月涛：《业主越野车小区内丢失　物业赔偿一万》，载北京法院网，http：//bjgy.chinacourt.org/public/detail.php？id＝30006。

了该办法的有关规定，对小赵的车辆存在车辆进入停车场时有登记而车辆驶出却没有登记的服务瑕疵。对小赵因车辆丢失造成的财产损失，法院根据物业公司的过错程度以及收费标准酌情确定应当赔偿的数额。故法院依法判决物业公司赔偿小赵车辆损失 1 万元。

❀**分析解答**❀本案中，法院并没有将车主与物业公司之间的法律关系定为保管合同，是考虑到物业管理这一行业的性质，并没有给物业公司课以过重的保管义务。另外，本案中双方签订的只是物业合同而没有专门的保管合同，是法院作此认定的主要原因。

# 第十章　委托合同纠纷

## 115. 什么是委托合同？

委托合同是委托人和受托人约定，由受托人处理委托人事务的合同。在委托合同关系中，委托他人为自己处理事务的人称委托人，接受委托的人称受托人。委托合同有广泛的适用范围，但是具有人身属性的法律行为或事实行为，一般不适用委托合同，如收养关系的建立或终止、婚姻关系的产生和消灭、立遗嘱、结婚、收养子女等。

委托合同是诺成、非要式、双务合同，委托人与受托人在订立委托合同时不仅要有委托人的委托意思表示，而且还要有受托人接受委托的承诺，即承诺与否决定着委托合同是否成立。委托合同自承诺之时起生效，无须以履行合同的行为或者物的交付作为委托合同成立的条件。委托合同成立不须履行一定的形式，口头、书面等方式都可以。委托合同可以是有偿的，也可以是无偿的。委托合同经要约承诺后合同成立，无论合同是否有偿，委托人与受托人都要承担相应的义务。对委托人来说，委托人有向受托人预付处理委托事务费用的义务，当委托合同为有偿合同时还有支付受托人报酬等义务。对受托人来说，受托人有向委托人报告委托事务、亲自处理委托事务、转交委托事务所取得财产等义务。

委托与代理密切相关但又有所区别，委托只涉及委托人与受托人之间的法律关系，不涉及第三人；代理则涉及代理人、被代理人及第三人三方的法律关系。委托是产生一切委托事务的基础，如代理、行纪、居间等均由委托而产生。

**◈生活实例◈委托找工作未果，诉请返还信息费①**

小吴诉称，2009 年 4 月，他与被告信息咨询公司签订委托合同，双方约定：小吴委托信息咨询公司为其安排工作，公司收取 300 元的信息费。但是签完合同、交完钱后，信息咨询公司一直未向小吴提供任何用工单位的信息。

小吴认为，委托合同是基于双方的信任签订的，但信息咨询公司的行为已经让他丧失了信任对方的基础。无奈之下，他只得诉至法院，要求解除双方之间的委托合同，要求公司返还信息费 300 元。

**◈分析解答◈**根据本案中双方当事人签订的委托合同的内容，如果信息咨询公司有违约行为，小吴可以解除合同并要求公司赔偿自己的损失即返还信息费 300 元。

## ❓ 116. 什么是居间合同？

居间合同是指当事人双方约定一方接受他方的委托，并按照他方的指示要求，为他方报告订立合同的机会或者为订约提供媒介服务，委托人给付报酬的合同。在居间合同中，接受委托报告订立合同机会或者提供交易媒介的一方为居间人，给付报酬的一方为委托人。居间作为中介的一种形式，其宗旨是把同一商品的买卖双方联系在一起，以促成交易后取得合理佣金的服务。无论何种居间，居间人都不是委托人的代理人，而只是居于交易双方当事人之间起介绍、协助作用的中间人。

居间人只能是经过有关国家机关登记核准的从事居间营业的法人或公民。居间人以收取报酬为业，居间人促成合同成立后，委托

---

① 曹静：《委托找工作未果 诉请返还信息费》，载北京法院网，http：//bjgy. chinacourt. org/public/detail. php? id = 79898.

人当然要向居间人支付报酬，作为对居间人活动的报偿。居间业务根据居间人所接受委托内容的不同，既可以是只为委托人提供订约机会的报告居间，也可以是为促成委托人与第三人订立合同进行介绍或提供机会的媒介居间，也还可以是报告居间与媒介居间兼而有之的居间活动。

居间人应当就有关订立合同的事项向委托人如实报告。居间人故意隐瞒与订立合同有关的重要事实或者提供虚假情况，损害委托人利益的，不得要求支付报酬并应当承担损害赔偿责任。

居间人促成合同成立的，委托人应当按照约定支付报酬。对居间人的报酬没有约定或者约定不明确，双方协商或依惯例仍不能确定的，根据居间人的劳务合理确定。因居间人提供订立合同的媒介服务而促成合同成立的，由该合同的当事人平均负担居间人的报酬。居间人促成合同成立的，居间活动的费用，由居间人负担。

居间人未促成合同成立的，不得要求支付报酬，但可以要求委托人支付从事居间活动支出的必要费用，如居间活动中支出的交通费等。

※生活实例※居间合同关系未促成，中介人不得收取居间费[①]

甲公司系一主营拆迁工程的公司，不久前，因公司业务较少犯了愁。无奈之下，公司经理四处联系，希望能拉几笔业务，维持员工的生计。适逢王某知道乙公司有一处场馆需要拆迁，听说了甲公司四处联系业务的消息后，就找上门来，表示可以为甲公司联系客户，但甲公司需要提供报酬。于是，甲公司与王某签订承诺书一份，约定由王某为甲公司承接乙公司的场馆拆迁工程提供中介服务，由甲公司给付王某1万元，作为前期打点之用。承诺书签订后，甲公司当即付款。随后，王某联系了乙公司的工作人员高某，与甲公司经理见面，但最终甲公司并未能拉到这笔业务。

甲公司认为，王某并未为自己公司介绍任何拆迁工程，未履行

---

① 于颖颖：《居间合同关系未促成　中介人不得收取居间费》，载北京法院网，http：//bjgy. chinacourt. org/public/detail. php？id = 19073。

承诺，应退还1万元。王某认为，自己已经为甲公司联系了乙公司的工作人员，而且相互也见面了，自己的工作也算是完成了。1万元的报酬拿得心安理得。双方争执不下，甲公司干脆一纸诉状将王某告到法院，要求退还1万元费用。

法院经审理后认为，甲公司与王某签订的承诺书，所约定的事项为，王某为促成甲公司与乙公司之间的拆迁工程合同提供中介服务，该承诺书的签订应视为双方成立居间合同关系。按照法律对居间合同的规定及双方当事人的约定，王某并未促成甲公司与他人之间的合同关系，即未完成合同约定的工作。同时，王某未能提供他收取的1万元系从事居间活动必要支出的证据。因此，王某应当将收取的1万元费用退还给甲公司。

※**分析解答**※本案中的承诺书相当于甲公司与王某之间签订的居间合同。在居间合同中，只有当居间人促成合同成立的，委托人才应按照约定支付报酬。居间人未促成合同成立的，不得要求支付报酬。仅仅促成第三人与委托方见面并未完成促成合同成立的义务，因此并不能获得约定的报酬，应当将收取的报酬退还。

## 117. 委托合同和居间合同有什么区别？

委托合同是指双方当事人约定一方接受另一方的委托，为委托方处理事务的合同。这类合同被广泛地运用于日常生活中。居间合同是居间人向委托人报告订立合同的机会或者提供订立合同的媒介服务，委托人按照约定支付报酬，没有约定的，合理支付，居间人在提供机会的过程中所花费的费用由居间人自己负担。居间目的没有实现，居间人不得要求支付报酬，但是必要的费用可以要求委托人支付。在这个法律关系中，接受对方委托为对方提供订立合同的机会或服务的一方当事人为居间人。向居间人给付报酬的一方当事人为委托人。

委托合同和居间合同所指向的标的都是提供劳务，不过相比起委托合同，居间合同中的居间人往往限于报告订立合同的机会或提供缔约媒介服务，即其服务的范围有限，只是帮助或介绍委托人与合同外的第三人订立合同，居间人本人并不直接参与委托人与第三人之间的合同。而委托合同中，受托人有时经委托人的授权，可以代理委托人、委托人的名义与第三人直接签订合同，不过合同的法律后果还是由委托人承担。另外，居间合同通常为有偿合同，即委托人需要为居间人向其提供的服务和帮助给付相应的报酬，不过居间人只能在委托人和第三人成功订立合同时才能请求报酬，而且由于第三人往往也是接受居间人提供订立合同服务的委托人，与居间人存在另外一个居间合同关系，所以居间人作为订约媒介，此时可以同时向第三人索要报酬。而在委托合同中，由于受托人通常只是代理委托人一方处理事务，所以一旦该事务完成了，就可以向该委托人索要报酬，而且通常不涉及第三方。

　　❀生活实例❀误将"居间"当"委托"，认清案由是关键①

　　2007年12月的一天，高某到某房地产经纪公司处进行登记，打算求购一套房屋。于是，房地产经纪公司的工作人员向高某推荐了一处房产，并带领高某到现场看房。同时，双方还签订了一份《房屋买卖委托协议书》，其中约定：如果高某与业主成交，高某应向房地产经纪公司支付总房价的2.5%作为佣金；高某有义务为该公司提供的房屋信息进行保密，否则该公司有权依法要求高某支付相当于房屋成交价的5%的赔偿金。后来，双方因为合同履行发生纠纷，房地产经纪公司认为高某在接受了本公司提供的中介服务后，私下与上述房产的房主取得联系，达成买房协议，并且完成过户手续，但是至今没有向房地产经纪公司给付过任何费用，为此将高某告上法庭，要求判令被告高某支付相应的服务佣金以及赔偿金。

　　法院在审理中发现，原告房地产经纪公司是以一般委托合同纠

---

　　① 孙静波：《误将居间当委托　认清案由是关键》，载北京法院网，http：// bjgy. chinacourt. org/public/detail. php？ id＝69406。

纷为案由起诉高某的，但实际上，该公司与高某之间的法律关系应该为居间合同法律关系，其所诉法律关系有误。据此，依法裁定驳回原告房地产经纪公司的起诉。

◈**分析解答**◈本案中，房地产经纪公司向高某提供了房产的信息，并带领高某到现场看房，即作为中介人，提供了促使高某和房产业主订立买房合同的服务，同时双方还约定一旦高某能够和房产业主成交需要向该公司给付一定比例的佣金，因此高某和该公司之间的法律关系应当属于居间合同关系，而不是委托合同关系。

## 118. 受委托人的委托权限如何确定？

受托人在处理委托事务时，应以委托人指示的权限为准。以受托人权限范围为标准把委托划分为两大类，即特别委托和概括委托。委托人可以特别委托受托人处理一项或者数项事务，也可以概括委托受托人处理一切事务。

特别委托是指双方当事人约定受托人为委托人处理一项或者数项事务的委托。特别委托一般有以下几种情况：（1）不动产出售、出租或者就不动产设定抵押权。（2）赠与。由于赠与属于无偿行为，所以需要有委托人的特别授权。（3）和解。在发生纠纷后，有关人员在处理问题时需要双方当事人彼此作一定的妥协与让步，以终止争执或者防止争执的协议，它包括民法上的和解或者诉讼法上的和解，以至破产法上的和解。（4）诉讼。当事人就有关事宜向法院提起诉讼，请求法院依照法定程序进行审判的行为。（5）仲裁。仲裁是指当事人发生争执时，不诉请法院判决，而是提请仲裁机构判断，其效力同法院的判决一样。受托人接受特别委托时，对于委托事务的处理，可以采取一切为维护委托人的合法权益而必要的合法行为。

概括委托是指双方当事人约定受托人为委托人处理某一方面所有事务的协议。例如，委托人委托受托人处理其买卖业务或租赁业务的所有事宜，即是概括委托。

## 119. 无偿委托时不需要支付费用吗？

受托人在处理事务过程中往往需要花费一定的费用，《合同法》第398条规定，委托人应当预付处理委托事务的费用。受托人为处理委托事务垫付的必要费用，委托人应当偿还该费用及其利息。因此，无论委托合同是否有偿，委托人都有义务事先提供处理委托事务的费用和补偿受托人为处理委托事务所垫付的必要的费用。对于委托人支付的预付款，如果委托事务处理完毕，尚有剩余，受托人应当返还给委托人。

有偿的委托合同，受托人完成委托事务的，委托人应当向其支付报酬。因不可归责于受托人的事由，委托合同解除或者委托事务不能完成的，委托人应当向受托人支付相应的报酬。当事人另有约定的，按照其约定。

无偿委托合同的无偿，是指委托人不需要向受托人支付报酬，但办理委托事项所支出的费用，委托人仍然应当支付。

❋**生活实例**❋赴马留学未成行，学生索要中介费①

今年3月，刘某与某文化交流有限公司签订了一份《自费出国留学中介服务委托合同》。约定，文化公司为刘某提供赴外留学的申请入学和签证等中介服务，中介服务费用为1.2万元，获得签证前付6000元，获得签证后付6000元。文化公司应在8月前取得申请留学院校的录取通知书，如不能完成委托事项，应在9月前退还服务费。签约后，刘某缴纳了6000元，文化公司却一直未能如约履行委托事项。刘某诉至法院，要求该文化交流有限公司返还中介费。

❋**分析解答**❋本案中双方约定了文化公司应当限期完成的工

---

① 祝茜：《赴马留学未成行　学生索要中介费》，载北京法院网，http://bjgy. chinacourt. org/public/detail. php? id＝37181。

作，因其未能如期完成，构成违约，应当承担相应的违约责任，即应退还已经收取的服务费。

## ❓ 120. 委托人应当如何处理委托事务?

在委托合同中，受托人应当按照委托人的指示处理委托事务，这是受托人首要的义务。受托人应当在委托人授权的范围内认真维护委托人的合法权益，想方设法完成委托事务。受托人原则上不得变更委托人的指示，如果受托人在处理委托事务的过程中，因客观情况发生变化，为了维护委托人的利益而需要变更委托人的指示时，法律规定应当经委托人同意。需要变更委托人指示的，应当经委托人同意；因情况紧急，难以和委托人取得联系的，受托人应当妥善处理委托事务，但事后应当将该情况及时报告委托人。

受托人应当亲自处理委托事务。经委托人同意，受托人可以转委托。转委托经同意的，委托人可以就委托事务直接指示转委托的第三人，受托人仅就第三人的选任及其对第三人的指示承担责任。转委托未经同意的，受托人应当对转委托的第三人的行为承担责任，但在紧急情况下受托人为维护委托人的利益需要转委托的除外。

受托人在办理委托事务的过程中，应当根据委托人的要求，向委托人报告事务处理的进展情况、存在的问题，以使委托人及时了解事务的状况。如果委托合同约定了报告的时间，受托人应按时进行报告。委托合同终止时，受托人应就办理委托事务的情况，向委托人全面报告办理经过和结果，如处理委托事务的始末、各种账目、收支计算等，并要提交必要的书面材料和证明文件。受托人处理委托事务取得的财产，应当转交给委托人。

◈生活实例◈受委托办借款未给付，受托人被判决赔损失①

原告汤某 1997 年为儿子购买了三份《少儿终身平安保险》，

---

① 王杨、周春颖：《受委托办借款未给付　受托人被判决赔损失》，载北京法院网，http：//bjgy. chinacourt. org/public/detail. php？id＝51446。

每年支付保险金 1080 元。2003 年，原告因经济紧张，被告许某称能用保单从保险公司借款，于是原告委托许某办理借款事宜。4 月 21 日，许某从保险公司借款 4300 元。但一直未交与原告，并据为己有至今，直到 2004 年 12 月才将借款手续交到原告手中。原告要求被告返还 4300 元并给付自 2004 年 12 月之后至起诉之日止的借款利息 900 元及误工费 1000 元。被告辩称，为原告借款 4300 元是事实，但已将钱给付了原告，且原告的诉讼请求已过了两年的诉讼时效，不同意原告的诉讼请求。但在法庭调查中，被告并未提供证据证实其主张。

法院认为，原被告双方达成口头委托协议，被告为原告办理向保险公司借款事宜是双方真实的意思表示，且被告已经事实上为原告向保险公司办理了借款事宜。故原被告之间的委托协议有效。在委托合同中，受托方应当向委托方及时交付或报告委托事项的办理结果。被告在办理了借款之后懈怠给付，给原告造成的利息损失应当予以赔偿，遂判决被告徐某返还原告人民币 4300 元，给付适时借款利息。

※**分析解答**※受托人在办理委托事务的过程中，应当及时向委托人报告事务处理的进展情况，本案中的被告受托办理借款事宜却在借到款后未能及时将借到的款项交给委托人，应当承担相应的违约责任，即给付借到的款项并赔偿相应的利息损失。

### 121. 受托人以自己的名义与第三人订立的合同对委托人是否有约束力？

受托人以自己的名义，在委托人的授权范围内与第三人订立的合同，第三人在订立合同时知道受托人与委托人之间的代理关系的，该合同直接约束委托人和第三人，但有确切证据证明该合同只约束受托人和第三人的除外。

受托人以自己的名义与第三人订立合同时，第三人不知道受托

人与委托人之间的代理关系的，受托人因第三人的原因对委托人不
履行义务，受托人应当向委托人披露第三人，委托人因此可以行使
受托人对第三人的权利，但第三人与受托人订立合同时如果知道该
委托人就不会订立合同的除外。受托人因委托人的原因对第三人不
履行义务，受托人应当向第三人披露委托人，第三人因此可以选择
受托人或者委托人作为相对人主张其权利，但第三人不得变更选定
的相对人。委托人行使受托人对第三人的权利的，第三人可以向委
托人主张其对受托人的抗辩。第三人选定委托人作为其相对人的，
委托人可以向第三人主张其对受托人的抗辩以及受托人对第三人的
抗辩。

## ❓ 122. 受托人从事委托事项造成委托人损失的，是否应当赔偿？

在有偿的委托合同中，受托人在处理委托事务时只要有过错，
并给委托人造成损失，就要承担赔偿责任。在无偿的委托合同中，
受托人在一般过失下并不承担赔偿责任，只有在故意和重大过失的
情况下，才对损害承担赔偿责任。所谓重大过失是指一般人对该行
为所产生的损害后果都能预见到，而行为人却因疏忽大意没有预见
到，致使损害后果发生。由于无偿委托合同，受托人没有报酬，因
此，其承担责任相比有偿委托合同要轻一些。受托人超越权限给委
托人造成损失的，无论委托合同是否有偿，都应当赔偿损失。

受托人在委托权限范围内认真处理委托事务，在自己毫无过错
和过失的情况下，使自己的财产或者人身造成损害的，有向委托人
请求赔偿的权利。

❋**生活实例**❋委托理财，"保本承诺"是否有效？[①]

52岁的丁女士经人介绍认识了自称很会炒股的佟先生。2008

---

① 乔学慧：《委托理财 法律怎么说》，载北京法院网，http：//
bjgy. chinacourt. org/public/detail. php? id＝78970。

年 3 月 6 日，丁女士将一张存有 25 万元现金的银行卡交给了佟先生委托其代理炒股。4 月 27 日，两人签订了一份书面协议，协议中约定"双方合作炒股，由丁女士出资 25 万元，为期半年。挣出的利润给佟先生 30%，如果赔了本金，由佟先生负责赔偿全部损失"。合同到期后，丁女士账户上的钱由 25 万元缩水至 8 万元。丁女士将佟先生起诉至法院，要求佟先生赔偿其本金损失 17 万元。

◈**分析解答**◈委托理财体现的也是一种委托合同关系。现有法规规章只是对证券公司、信托公司等代客理财中的"保本承诺"作出了禁止性规定，《商业银行个人理财业务管理暂行办法》第 24 条规定，"保证收益理财计划或相关产品中高于同期储蓄存款利率的保证收益，应是对客户有附加条件的保证收益。商业银行不得无条件向客户承诺高于同期储蓄存款利率的保证收益率。商业银行不得承诺或变相承诺除保证收益以外的任何可获得收益"。第 25 条规定："商业银行向客户承诺保证收益的附加条件，可以是对理财计划期限调整、币种转换等权利，也可以是对最终支付货币和工具的选择权利等。商业银行使用保证收益理财计划附加条件所产生的投资风险应由客户承担。"这意味着银行理财产品的收益保证承诺需要区分对待，针对保证收益理财计划，如果保证收益率在同期储蓄存款利率以内的，收益未实现的，投资者按照约定可向银行要求赔偿；而约定的保证收益率超过同期储蓄存款利率的且附加有条件的，收益未实现的，投资者需要自己承担投资风险。但现有法律法规对自然人之间的委托理财合同是否允许有"保本承诺"尚未有明确规定。对此，应当根据双方当事人之间订立的合同来确定双方的权利义务。

## ? 123. 委托人可以解除委托合同吗？

委托合同是以双方信任为存在的条件，如果一方不愿意再委托或者受托，继续履行合同已无必要，法律赋予了双方当事人的权利，即只要一方想终止合同，就可以随时解除合同，而且无须有任何的理由。因解除合同给对方造成损失的，除不可归责于该当事人的事由以外，应当赔偿损失。

如果受托人处理事务不尽注意义务，怠于委托事务的处理，委托人无奈而解除委托合同，虽会给受托人造成一定损失，但因解除合同事由不可归责于委托人或者不能完全归责于委托人，委托人对受托人因合同终止而遭受的损失不予赔偿或者只赔偿其部分损失。

有的委托合同中约定有当事人不得终止合同的条款是否有效应分两种情况进行处理：一般情况下，应为无效。因为委托合同是基于当事人双方彼此的信任而订立和履行的，若禁止当事人使用合同解除权，则违背了委托合同的性质。如果委托不只是以委托人的利益为目的，受托人与其处理的委托事务亦有正当的利益关系，使得处理该委托事务完毕极为必要，此时若允许委托人自由终止委托，将会导致受托人的合法利益受到损害。在这种情况下，当事人双方订立的关于限制当事人使用合同解除权的条款应为有效。

◈**生活实例**◈**受托人不尽义务，委托人有权解除合同不赔偿**①

车先生与谢先生签订了一份委托合同，委托谢先生每周替自己从某水果摊进瓜果，车先生按月支付报酬。一个月后，车先生认为谢先生常常将瓜果摔烂，于是不再让谢先生为其拉货。为此，谢先生将车先生诉上法院，要求车先生继续履行合同。最终，法院判决驳回谢先生的诉讼请求。

◈**分析解答**◈我国合同法规定，委托人或者受托人可以随时解除委托合同。因解除合同给对方造成损失的，除不可归责于该当事人的事由以外，应当赔偿损失。因此，车先生与谢先生都有对委托合同的任意解除权，可以随时行使。车先生解除合同是由于谢先生工作出现差错，属于谢先生履行合同中出现的瑕疵，车先生没有责任，也没有给谢先生造成实际损失，无须赔偿。

---

① 法仲：《受托人不尽义务 被"踢出局"甭叫屈》，载北京法院网，http：//bj-gy. chinacourt. org/public/detail. php？id＝38390。

## 124. 一方当事人死亡，委托合同终止吗？

委托人或者受托人死亡、丧失民事行为能力或者破产的，委托合同终止，但当事人另有约定或者根据委托事务的性质不宜终止的除外。

因委托人死亡、丧失民事行为能力或者破产，致使委托合同终止将损害委托人利益的，在委托人的继承人、法定代理人或者清算组织承受委托事务之前，受托人应当继续处理委托事务。

因受托人死亡、丧失民事行为能力或者破产，致使委托合同终止的，受托人的继承人、法定代理人或者清算组织应当及时通知委托人。因委托合同终止将损害委托人利益的，在委托人作出善后处理之前，受托人的继承人、法定代理人或者清算组织应当采取必要的措施。

# 第十一章　保险合同纠纷

**? 125. 什么是保险合同?**

　　保险,是指投保人根据合同约定,向保险人支付保险费,保险人对于合同约定的可能发生的事故因其发生所造成的财产损失承担赔偿保险金责任,或者当被保险人死亡、伤残、疾病或者达到合同约定的年龄、期限等条件时承担给付保险金责任的商业保险行为。保险合同是投保人与保险人约定保险权利义务关系的协议。投保人是指与保险人订立保险合同,并按照合同约定负有支付保险费义务的人。保险人是指与投保人订立保险合同,并按照合同约定承担赔偿或者给付保险金责任的保险公司。

　　保险合同是投保人与保险人约定保险权利义务关系的协议,投保人提出保险要求,经保险人同意承保,保险合同成立。保险合同成立后,投保人按照约定交付保险费,保险人按照约定的时间开始承担保险责任。保险人应当及时向投保人签发保险单或者其他保险凭证。保险单或者其他保险凭证应当载明当事人双方约定的合同内容。当事人也可以约定采用其他书面形式载明合同内容。

　　保险合同的具体形式可以多种多样,主要有以下几种:

　　(1)保险单。保险单是投保人与保险人之间订立的正式保险合同的书面凭证,它由保险人签发给投保人,是最基本的保险合同形式。

　　(2)保险凭证。保险凭证是保险人签发给投保人以证明保险合同业已生效的文件，它是一种简化的保险单，与保险单具有同样的作用和效力。

（3）投保单。投保单是投保人向保险人递交的书面要约。为准确迅速地处理保险业务，投保单的格式和项目都由保险人设计，并以规范的形式提出。在保险人出立正式保险单后，投保单成为保险合同的组成部分。

根据保险合同的基本原则和约定，对于投保人来讲，其应当履行向保险人支付保险费的义务，并依此由其自己或其他被保险人享有获得财产保险赔偿或者人身保险给付保险金的权利；对于保险人来讲，其对于保险责任范围内的保险事故，属于财产保险的，负责进行损失的补偿，承担赔偿保险金，属于人身保险的，按照保险标的的不同，对被保险人死亡、伤残、疾病等保险事故发生，或者对被保险人达到合同约定的年龄、期限时，承担给付保险金责任。

## 126. 办理保险后不愿再续保怎么办？

《保险法》第15条规定，除本法另有规定或者保险合同另有约定外，保险合同成立后，投保人可以解除合同，保险人不得解除合同。

解除保险合同，就是在保险合同有效期届满前当事人依法提前终止合同的法律行为。依法建立的保险合同关系是一种民事法律关系，对双方当事人都有法律约束力，一般情况下保险合同生效后双方当事人应当严格按照合同约定履行自己承担的义务。但是，当客观形势发生变化，或者出现法律规定的情况，使得保险合同中规定的条款不符合投保人的要求时，投保人有权在法律规定的范围内选择保障自己利益的方式。如果他放弃以参加保险的方式来获得保障，应当允许其解除保险合同。

为保护投保人利益的需要，保险人不得任意解除保险合同，这是国际上的通行做法。只有在发生保险法规定的下列情形或者保险合同另有约定外，保险人才有权解除保险合同：

（1）投保人故意或者因重大过失未履行前款规定的如实告知义务，足以影响保险人决定是否同意承保或者提高保险费率的，保险人有权解除合同。这一解除权，自保险人知道有解除事由之日起，超过30日不行使而消灭。自合同成立之日起超过两年的，保险人不得解除合同；发生保险事故的，保险人应当承担赔偿或者给付保险金的责任。

（2）被保险人或者受益人在未发生保险事故的情况下，谎称发生了保险事故，向保险人提出赔偿或者给付保险金的请求的，保险人有权解除保险合同，并不退还保险费。

（3）投保人、被保险人或者受益人故意制造保险事故的，保险人有权解除保险合同，不承担赔偿或者给付保险金的责任。

（4）投保人、被保险人未按照约定履行其对保险标的安全应尽的责任的，保险人有权要求增加保险费或者解除合同。

（5）在合同有效期内，保险标的危险程度增加的，被保险人按照合同约定应当及时通知保险人，保险人有权要求增加保险费或者解除合同。

（6）保险标的发生部分损失的，保险人履行了赔偿责任后，除合同约定不得终止合同的以外，保险人可以终止合同。

（7）投保人申报的被保险人年龄不真实，并且其真实年龄不符合合同约定的年龄限制的，保险人可以解除合同，并在扣除手续费后，向投保人退还保险费，但是自合同成立之日起逾两年的除外。

（8）人身保险合同分期支付保险费的，合同效力中止超过两年的，保险人有权解除合同。

## 127. 投保人未履行告知义务有何法律后果？

保险合同当事人行使权利、履行义务应当遵循诚实信用原则，合同履行过程中应当根据合同的性质、目的和交易习惯履行通知、协助等诚信附随义务。投保时，如果投保人明知或应当知道某些重要事项涉及保险标的风险，影响到保险人决定是否承保或提高保险费率，即使保险人没有进行明确询问，投保人基于诚信原则，也应进行适当说明或者告知；如果投保人故意不履行这种诚信义务，投保人要承担缔约过失的损害赔偿责任。

投保人订立保险合同时的如实告知义务，应当属于询问告知，即保险人以书面或者口头形式提出询问，投保人有义务进行告知。如果保险人对有关事项已在风险情况询问表上提出，投保人未填写，应视为投保人未履行告知义务。

投保人是否履行或者是否适当履行这项义务，对保险合同的效力有着重要的影响。如果投保人违反了如实告知义务，按照保险法的规定，应当承担以下法律后果：

（1）投保人故意或者因重大过失未履行前款规定的如实告知义务，足以影响保险人决定是否同意承保或者提高保险费率的，保险人有权解除合同。

（2）投保人故意不履行如实告知义务的，保险人对于合同解除前发生的保险事故，不承担赔偿或者给付保险金的责任，并不退还保险费。

（3）投保人因重大过失未履行如实告知义务，对保险事故的发生有严重影响的，保险人对于合同解除前发生的保险事故，不承担赔偿或者给付保险金的责任，但应当退还保险费。

但是，保险人在合同订立时已经知道投保人未如实告知的情况的，保险人不得解除合同；发生保险事故的，保险人应当承担赔偿或者给付保险金的责任。

※生活实例※隐瞒病史投保，诉求理赔被驳[①]
赵女士于2005年9月购买了某保险公司的一份重大疾病保险。

---

① 乔学慧：《隐瞒病史投保　诉求理赔被驳》，载北京法院网，http://bjgy.chinacourt.org/public/detail.php? id=76840。

在投保书上被保险人健康告知栏内，赵女士均填了"否"。

2007年8月，赵女士被诊断出肿瘤并住院进行手术治疗，共花费医药费6万余元。后赵女士找到保险公司要求办理有关保险的理赔事宜，但保险公司认为赵女士未如实告知其病史，拒绝理赔并解除了保险合同。赵女士将保险公司告上法庭要求其给付保险金10.4万元。

庭审过程中，保险公司出示了赵女士在肿瘤手术住院治疗期间的病例，在既往病史中记载了2000年赵女士被诊断为"患有血小板减少性紫癜症，此后一直服用强的松等药物治疗"的情况。保险公司认为拒赔是基于赵女士"故意不如实告知"之事实及我国《保险法》的相关规定，合情合法，请求法院驳回赵女士的请求。

法院经审理认为，赵女士与保险公司之间签订的保险合同，系双方当事人真实意思表示，且未违反有关法律法规的强制性规定，应为有效合同。双方当事人均应依约履行各自义务。保险活动当事人行使权利、履行义务应当遵循诚实信用原则。赵女士在投保时未如实告知既往病史，故意隐瞒了病情，导致保险公司按一般风险进行了承保，影响了保险人对风险的判断。投保人故意不履行如实告知义务，保险人对于保险合同解除前发生的保险事故，不承担赔偿或者给付保险金的责任，并不退还保险费。据此，法院判决驳回了赵女士的诉讼请求。

◈分析解答◈ 《保险法》第16条规定："订立保险合同，保险人就保险标的或者被保险人的有关情况提出询问的，投保人应当如实告知。投保人故意或者因重大过失未履行前款规定的如实告知义务，足以影响保险人决定是否同意承保或者提高保险费率的，保险人有权解除合同。投保人故意不履行如实告知义务的，保险人对于合同解除前发生的保险事故，不承担赔偿或者给付保险金的责任，并不退还保险费。"本案中，投保人明知自己有相关的病史，却在填表时对保险公司的询问作了否定的回答，应视为隐瞒相关病情，保险公司有权解除合同，并对2007年的保险费用可以拒绝理赔。

## 128. 保险合同的格式条款如何解释？

保险合同中都有免责条款的约定。免责条款，是指保险合同中载明的保险人不负赔偿或者给付保险金责任的范围的条款。其范围一般包括：战争或者军事行动所造成的损失；保险标的自身的自然损耗；被保险人故意行为造成的事故；其他不属于保险责任范围的损失等。

订立保险合同，采用保险人提供的格式条款的，保险人向投保人提供的投保单应当附格式条款，保险人应当向投保人说明合同的内容。对保险合同中免除保险人责任的条款，保险人在订立合同时应当在投保单、保险单或者其他保险凭证上作出足以引起投保人注意的提示，并对该条款的内容以书面或者口头形式向投保人作出明确说明；未作提示或者明确说明的，该条款不产生效力。

采用保险人提供的格式条款订立的保险合同中的下列条款无效：

（1）免除保险人依法应承担的义务或者加重投保人、被保险人责任的；

（2）排除投保人、被保险人或者受益人依法享有的权利的。

采用保险人提供的格式条款订立的保险合同，保险人与投保人、被保险人或者受益人对合同条款有争议的，应当按照通常理解予以解释。对合同条款有两种以上解释的，应当作出有利于被保险人和受益人的解释。

保险合同是双方当事人行使权利和履行义务的依据，应当准确地反映双方当事人的意思。在合同履行过程中，有时由于合同条款的用词含义不清，双方当事人对其所作的解释不一致，造成对合同约定的权利义务提出不同的主张和要求。在这种情况下，需要由法院或仲裁机构等法定机关对保险合同作出解释以解决争议。由于保险合同是附合合同，它的主要条款都是保险人事先草拟或印制的，保险人在拟定合同条款时可能更多地考虑自身的利益，而投保人由于专业知识和时间的限制，难以对一些专业词汇和条文含义作深入细致的研究，所以从公平合理角度出发，也为使保险人在拟定保险合同条款时做到文字清楚，含义明确，保险法确立了这项解释原则。它的具体内容是，对于保险合同的条款，保险人与投保人、被保险人或者受益人有争议时，人民法院或者仲裁机关应当作有利于被保险人和受益人的解释。适用这一原则时应注意以下三点：其一，这项原则适用于解释在保险人与投保人、被保险人或者受益人之间有争议的保险合同条款，对于没有发生争议的条款以及不是在保险人与投保人、被保险人或者受益人之间发生争议的条款，不适用这一解释原则。其二，这项原则只在法院或仲裁机关对有争议的保险合同条款作解释时适用。其三，在保险合同中的词语既可作有利于保险人的解释，又可作有利于被保险人的解释时，应作有利于被保险人的解释。

**◈生活实例◈未尽说明义务，保险公司免责条款无效**[①]

2007年9月，王先生在保险公司为其名下的桑塔纳投保了机动车保险。保险期内该车发生自燃，消防支队认定，火灾属于该车仪表台内线路故障所致。为修复故障，王先生支出维修费2340元，但向保险公司索赔未果。2008年1月20日，该车被盗，盗抢险的保险金是22272元，王先生向保险公司索赔再次遭拒。王先生认为，在投保时保险公司未就免责条款明确说明遂诉至法院。

保险公司答辩称，在保险期间王先生的机动车发生火灾，但公司没有接到王先生的报案，车辆维修的费用，不在保险条款约定的赔偿范围内。在保险期间车辆被盗，公司接到王先生的理赔申请，发现机动车未年检，就作出了拒赔决定。

法院认为，此案的争议焦点是保险公司是否就保险合同免责条款向投保人进行明确说明。对此，王先生主张保险公司没有向其提

---

① 常鸣：《未尽说明义务　保险公司免责条款无效》，载北京法院网，http://bj-gy. chinacourt. org/public/detail. php？id＝78400。

供相应的保险条款，亦未对免责条款进行明确说明。而保险公司认为其已经将保险条款及保单一并交予王先生，并予以解释说明，但除了保单下方的重要提示外，无法提供其他有效证据。故法院对保险公司的答辩意见不予采信，保险公司应当依据保险合同向投保人支付保险金。

◈**分析解答**◈最高人民法院《关于适用〈中华人民共和国合同法〉若干问题的解释（二）》第6条规定："提供格式条款一方对已尽合理提示及说明义务承担举证责任。"在合同订立时，保险人应当对其格式合同文本即保险单中的负责条款采用足以引起对方注意的文字、符号、字体等特别标识，并按照对方的要求对该格式条款予以说明，否则应当认定该格式条款无效。本案中保险公司不能证明其已经采取合理的方式对免责条款进行了提示，因此不能据此免责。

## ❓ 129. 什么是保险事故？

保险事故是指保险合同约定的保险责任范围内的事故，也就是造成保险人承担赔偿损失责任的事故原因。例如财产保险中的火灾，人身保险中的意外伤害、死亡、疾病等。投保人要求保险人承保的事故项目在保险合同中必须一一列明，从而确定保险人的责任范围。需要指出的是，并不是任何事故均可成为保险人承保的事故，只有具备一定条件的事故才可成为保险事故。构成保险事故应具备以下要件：

（1）事故须有发生的可能，否则如根本不存在发生的可能性，保险人不能承保。

（2）事故的发生须不确定。这其中又分三种情况：事故发生与否不确定；发生虽确定，但发生的时期不确定；发生及发生的时间大体确定，但其发生的程度不确定。

（3）事故的发生须属将来。也就是说其发生须在保险合同订立以后，才可作为保险事故。

## 130. 保险事故发生后没有及时通知保险公司，还能索赔吗？

投保人、被保险人或者受益人知道保险事故发生后，应当及时通知保险人，这是对投保人、被保险人或者受益人出险通知义务的规定。履行此项通知义务应当遵守以下要求：一是通知的内容应当是保险人承担保险责任范围内的保险事故，而不是保险责任范围以外的其他事故，即保险事故发生和造成损失的情况，具体包括出险时间、地点、原因、受损标的的种类、范围及损失程度等。二是通知应当及时。为有利于保险人及时查勘现场、核定损失和确定责任，法律要求投保人、被保险人或者受益人履行通知义务应当及时，具体的时间要求由保险合同当事人在保险合同中自行约定通知的具体时间。此项通知义务的目的主要是：一方面可以使保险人在出险时能立即展开对损失的调查，不致因调查的迟延而丧失证据，影响责任的确定；另一方面可以使保险人在出险时得以采取适当的方法，以防止损失的扩大或者有时间抢救被保险的财产。投保人、被保险人或者受益人作为法定的通知义务人，必须严格履行出险通知义务。

被保险人是指其财产或者人身受保险合同保障，享有保险金请求权的人，投保人可以为被保险人。这也就是说，首先，被保险人是受保险合同保障的人，即保险事故发生时遭受损失的人。具体来讲，财产保险的被保险人是对保险财产具有保险利益的人，如所有权人、经营管理人、使用权人、抵押权人等，人身保险的被保险人是对其自身的生命及身体取得保险保障的人。其次，被保险人是享有保险金请求权的人。由于被保险人是因保险事故而遭受损失的人，保险人的赔偿自然应当以被保险人为给付对象。

受益人是指人身保险合同中由被保险人或者投保人指定的享有

保险金请求权的人，投保人、被保险人可以为受益人。投保人身保险的目的通常是投保人为其亲属在被保险人死亡之后免遭经济上的困难，以被保险人的身体或者生命为标的约定在保险事故发生后，由保险人支付保险金。而在财产保险中，因领受给付的人多是被保险人自己，所以通常无受益人的规定，只有人身保险，一般才有受益人的规定。根据投保人的投保情况，投保人、被保险人可以为受益人。具体来讲，当投保人为自己的利益而签订保险合同时，会出现两种情况：一是投保人、被保险人、受益人均为一人，如投保人以自己的身体投保生存险；二是投保人与受益人是同一人，而被保险人是另一人，如投保人为父亲投保死亡险，以自己为受益人。当投保人为他人的利益而投保时，又会出现投保人是一人，被保险人与受益人是同一人的情况，如儿子为父亲投保生存险，以父亲为受益人。

　　故意或者因重大过失未及时通知，致使保险事故的性质、原因、损失程度等难以确定的，保险人对无法确定的部分，不承担赔偿或者给付保险金的责任，但保险人通过其他途径已经及时知道或者应当及时知道保险事故发生的除外。

## ❓ 131. 保险索赔时需要提供哪些资料？

　　保险索赔是指保险事故发生后，根据保险合同的约定，向保险人要求履行赔偿或者给付保险金的行为，保险事故的发生是提出保险索赔的前提。保险事故发生后，依照保险合同请求保险人赔偿或者给付保险金时，投保人、被保险人或者受益人应当向保险人提供其所能提供的与确认保险事故的性质、原因、损失程度等有关的证明和资料。这里所讲的"有关的证明和资料"主要是指：一、保险单或者保险凭证的正本；二、已支付保险费的凭证；三、账册、收据、发票、装箱单、运输合同等有关保险财产的原始单据；四、身份证、工作证、户口簿或者其他有关人身保险的被保险人姓名、年龄、职业等情况的证明材料；五、确认保险事故的性质、原因、损失程度等的证明和资料，如调查检验报告、出险证明书、损害鉴定、被保险人死亡证明或者丧失劳动能力程度鉴定、责任案件的结论性意见等；六、索赔清单，如受损财产清单、各种费用清单、其他要求保险人给付的详细清单等。

保险人依照保险合同的约定，认为有关的证明和资料不完整的，应当通知投保人、被保险人或者受益人补充提供有关的证明和资料。这种告知应当一次性告知，方便投保人、被保险人或受益人索赔。保险的最终目的是受损时能得到补偿，因此索赔成功有赖于及时地把保险事故发生的时间、地点和原因以及有关保险单证的号码、保险标的、保险期限等事项一并告知保险人，特别是应当向保险人提供其所能提供的与确认保险事故的性质、原因、损失程度等有关的证明和资料，而且这些证明和资料应当是真实、准确和完整的。如果保险人依照保险合同的约定，认为投保人、被保险人或者受益人提供的有关证明和资料是不完整的，应当通知其补充提供，以便于保险人迅速调查与核实确认保险事故，做好理赔工作。

## 132. 保险理赔的基本程序是什么？

保险责任是指保险人按照合同约定，对于可能发生的事故因其发生所造成的财产损失，或者当被保险人死亡、伤残、疾病或者达到合同约定的年龄、期限时承担的赔偿或者给付保险金的责任。在保险合同中，保险责任条款具体规定了保险人所承担的风险范围，在规定风险范围的同时，保险合同还要规定责任免除条款，即保险人不负赔偿或者给付保险金责任的范围。要确定是否保险人承担的责任，首先就要搞清致损的原因。造成损失的原因可能是多种的，保险人是否承担赔偿责任，就要看造成损失的原因是否属于保险人承保的保险事故，也就是说保险人须承担赔偿责任的损失必须与它所承保的危险有因果关系。只有引起保险标的损失的直接、有效、起决定作用的近因属于保险责任，保险人才需要承担赔偿与给付保险金的义务。

保险理赔，是指在保险事故发生后，保险人根据被保险人或者受益人提出的索赔请求，依照保险合同的约定，对保险标的遭受损失或者损害的情况进行调查核实，并予以赔付的行为。保险理赔是保险人履行保险合同义务的一个关键环节和具体表现，为了保证理赔工作迅速、准确、合理，保险法对理赔程序作出了明确规定，根据保险法的规定，保险理赔应当按照以下程序进行：

（1）立案查验。保险人在接到出险通知后，应当立即派人进行现场查验，了解损失情况及原因，查对保险单，登记立案。

（2）审核证明和资料。保险人对投保人、被保险人或者受益人提供的有关证明和资料进行审核，以确定保险合同是否有效，保险期限是否届满，受损失的是否是保险财产，索赔人是否有权主张赔付，事故发生的地点是否在承保范围内等。

（3）核定保险责任。保险人收到被保险人或者受益人的赔偿或者给付保险金的请求，经过对事实的查验和对各项单证的审核后，应当及时作出自己应否承担保险责任及承担多大责任的核定。情形复杂的，应当在30日内作出核定，但合同另有约定的除外。保险人核定后应应将核定结果通知被保险人或者受益人。

保险人作出核定后，对不属于保险责任的，应当自作出核定之日起3日内向被保险人或者受益人发出拒绝赔偿或者拒绝给付保险金通知书，并说明理由。为避免口说无凭引起争议，拒绝赔偿或者拒绝给付保险金的，一定要以"通知书"的形式，以书面通知索赔申请人。

（4）履行赔付义务。保险人在核定责任的基础上，对属于保险责任的，在与被保险人或者受益人达成有关赔偿或者给付保险金额的协议后10日内，履行赔偿或者给付保险金义务。保险合同对保险金额及赔偿或者给付期限有约定的，保险人应当依照保险合同的约定，履行赔偿或者给付保险金义务。

保险人按照法定程序履行赔偿或者给付保险金的义务后，保险理赔就告结束。如果保险人未及时履行赔偿或者给付保险金义务的，就构成一种违约行为，应当承担相应的法律责任，即"除支付保险金外，应当赔偿被保险人或者受益人因此受到的损失"，这里的赔偿损失，是指保险人应当支付的保险金的利息损失。为了保证保险人依法履行赔付义务，同时保护被保险人或者受益人的合法权益，任何单位或者个人都不得非法干预保险人履行赔偿或者给付保险金的义务，也不得限制被保险人或者受益人取得保险金的权利。

保险人自收到赔偿或者给付保险金的请求和有关证明、资料之日起60日内，对其赔偿或者给付保险金的数额不能确定的，应当根据已有证明和资料可以确定的数额先予支付；保险人最终确定赔偿或者给付保险金的数额后，应当支付相应的差额。

具体来讲，符合先予支付保险金的条件是：（1）属于保险责任范围内的索赔请求；（2）收到索赔申请和有关证明、资料之日起已满60日；（3）保险人的赔偿或者给付保险金的数额不能确定。具备上述条件的，保险人应当根据已有证明和资料可以确定的最低数额，先予支付赔偿或者给付保险金。这个"可以确定的最低数额"，应当是保险人与索赔申请人已经认定的数额。如果双方没有达成共识，保险人也可以根据有关证明和资料自行确定一个先予支付的数额，待最终确定赔偿或者给付保险金的数额后，保险人再向被保险人或者受益人支付最终确定的数额与已经先予支付数额之间的差额。

**◈生活实例◈保单无原件索赔遭拒，诉求有证据法院支持**[①]

2006年冯先生在被告保险公司为其车辆投保商第三者责任保险、不计免赔等财产保险，并依约交纳了保险费。保险期间该车辆发生保险事故，冯先生为此支付车辆修理费5350元，但向保险公司索赔时被拒赔，故诉至法院要求被告支付保险理赔款5350元。

被告保险公司辩称，原告未能提供保险单原件，不能证明与保

---

① 王杨、李楠：《保单无原件索赔遭拒 诉求有证据法院支持》，载北京法院网，http：//bjgy. chinacourt. org/public/detail. php？id=78187。

险公司存在保险合同关系。

诉讼中，原告冯先生向法院提交了机动车辆保险单（正本）复印件，该保险单载明被保险人冯先生、车牌号码以及承保险种、保险期限等内容，并载明经办人为姜某，联系电话为95518。为证实保险单复印件的真实性，原告冯先生提交了被告保险公司的保险代理商某车行的证明，且申请姜某出庭作证。姜某向法院陈述：冯先生提交的保险单复印件所载内容与原件一致，该保险单原件是姜某经办，而姜某是保险公司认可的业务员。同时，法院通过95518向该保险公司查询得知，在该保险公司确有该保单号、被保险人为冯先生的记载，且证人姜某、被告保险公司一致确认每份保险单的单号都是唯一的。

法院经审理认为，原告冯先生为证实保险单复印件的真实性提供了某车行的证明，某车行作为保险业务经办机构对保险单复印件真实性予以认可；作为保险单的直接经办人姜某，当庭认可了保险单复印件的真实性；法院通过95518亦核实了原告冯先生所提交的保险单复印件记载的保险单号和被保险人的存在。综上，法院对原告冯先生提供的保险单复印件内容的真实性予以确认。原告冯先生与被告保险公司之间保险合同关系存在，保险事故发生后，冯先生及时报案并提出了索赔申请，递交了索赔材料，被告保险公司应当依约承担赔偿责任。原告冯先生要求被告保险公司承担保险责任的请求并无不当，法院予以支持。最终，依照《保险法》第24条第1款的规定，法院判决被告保险公司赔偿原告冯先生保险金5350元。

❈**分析解答**❈合同关系并不是合同书的关系，如果书面的合同遗失或毁损，有证据证明当事人之间合同关系存在的，当事人仍然需要依据合同享有相应的权利，承担相应的义务。

## 🅿 133. 保险欺诈应承担什么法律责任？

投保人、被保险人、受益人进行保险欺诈主要有三种情形：

一是在未发生保险事故的情况下谎称发生了保险事故。在这种情形下，当事人通常会伪造事故现场，编造事故原因，伪造有关证明文件和资料等，以骗取保险人的信任，非法取得保险金。

二是故意制造保险事故。现实中已发生了不少这样的案例：有的以死亡为给付保险金条件的保险合同的受益人，为了获取保险金而杀害被保险人或者造成被保险人伤残、染病；有的财产保险合同的被保险人纵火烧毁保险财产等。在这种情形下，虽然确实发生了被保险人死亡、伤残或者保险财产损失等事故，但这种事故是投保人、被保险人或者受益人图谋获取保险金而故意制造的，因此这种事故不属于保险合同约定的保险事故。投保人、被保险人或者受益人故意制造保险事故的行为，显然是一种保险欺诈行为。

三是保险事故发生后，投保人、被保险人或者受益人以伪造、变造的有关证明、资料或者其他证据，编造虚假的事故原因或者夸大损失程度。这种情形是指确实有保险事故发生，但投保人、被保险人或者受益人并不是根据保险事故实际所造成的人身伤残情况或者财产损失情况提出赔付保险金的请求，而是弄虚作假，伪造证据，夸大人身损害程度或者财产损失程度，企图得到超额的赔付。

投保人、被保险人、受益人采取以上三种方式进行保险欺诈的，应承担以下法律后果：

（1）在未发生保险事故的情况下，被保险人、受益人谎称发生了保险事故，向保险人提出索赔的，保险人有权解除保险合同，结束保险合同关系，并且不退还保险费。

（2）投保人、被保险人或者受益人故意制造保险事故的，保险人有权解除保险合同，不承担赔偿或者给付保险金的责任，通常情况下也不退还保险费。只有人身保险合同的投保人如果已交足二年以上保险费的，保险人应当按照合同约定向其他享有权利的受益人退还保险单的现金价值。

（3）发生保险事故后，投保人、被保险人或者受益人伪造、变造有关证明、资料或其他证据，虚报事故原因，夸大保险标的损害程度或者损失程度的，保险人对其虚报的部分不承担赔偿或者给付保险金的责任。

投保人、被保险人或者受益人有以上保险欺诈行为致使保险人支付保险金或者支出费用的，应当退回或者赔偿。

## ❓ 134. 什么是保险利益？

保险合同保障的对象是被保险人对其财产或者生命、健康所享有的利益，即保险利益，保险利益是指投保人或者被保险人对保险标的具有的法律上承认的利益。

只有对保险标的具有保险利益的人，才具有投保人的资格，投保人具有保险利益是保险合同生效的依据和条件。当投保人对保险标的不具有保险利益时，不能与保险人订立保险合同。保险人即使在不知情的情况下与不具有保险利益的人订立了保险合同，该保险合同仍然无效。履行保险合同过程中，如果投保人丧失了保险利益，保险合同也无效。

保险利益又称可保利益，是投保人在保险标的上因具有各种利益关系而享有的法律上承认的经济利益。构成保险利益应当具备以下三个条件：第一，保险利益必须是合法的，是法律上承认并且可以主张的利益。投保人不得以非法所得的利益作为保险合同的标的，即不法行为所产生的利益，不得作为保险利益。第二，保险利益必须是确定的，是可以实现的利益。确定的保险利益包括投保人对保险标的的现有利益和由现有利益产生的预期利益。仅由投保人主观上认定存在，而在客观实际中并不存在的利益，不得作为保险利益。第三，保险利益必须是经济上的利益。由于保险是以补偿损失为目的，如果损失不是经济上的利益，不能用货币形式来计算，则损失无法补偿，所以无法用货币形式来计算其价值，发生损失后无法用金钱给予补偿的利益，不能作为保险利益。

保险合同分为两种：一种是人身保险合同，另一种是财产保险合同。人身保险是以人的寿命和身体为保险标的的保险。人身保险的投保人在保险合同订立时，对被保险人应当具有保险利益。财产保险是以财产及其有关利益为保险标的的保险。财产保险的被保险人在保险事故发生时，对保险标的应当具有保险利益。被保险人是指其财产或者人身受保险合同保障，享有保险金请求权的人。投保人可以为被保险人。

在财产保险中，根据投保人对财产的所有、占有或者其他权利关系，能够比较容易地判断投保人对保险标的是否具有保险利益。但是对于人身保险，投保人对被保险人是否具有保险利益，则不是很容易判断。保险法规定投保人对下列人员具有保险利益：

（1）本人：投保人与自己的生命和健康有最大的利害关系，当然具有保险利益。

（2）配偶、子女、父母：这些人是投保人的直系亲属，这些人的生老病死以及发生意外，对投保人的经济、生活都会发生直接影响。因此，投保人对他们具有保险利益。

（3）第2项以外的与投保人有抚养、赡养或者扶养关系的家庭其他成员、近亲属：抚养指家庭成员间长辈对晚辈生活来源的供给；赡养是晚辈对长辈生活来源的供给；扶养是同辈人如夫妻、兄弟姐妹之间对生活来源的供给。根据本条规定，如果投保人与第二项以外的家庭其他成员、近亲属之间形成了抚养、赡养、扶养的关系，投保人对他们就具有保险利益。如果没有形成抚养、赡养、扶养关系，则投保人对他们不具有保险利益。

（4）与投保人有劳动关系的劳动者。在劳动关系中，劳动者的生命和健康对于用人单位的人力资源有直接关联，用人单位对于劳动者具有保险利益。

除上述规定外，被保险人同意投保人为其订立合同的，视为投保人对被保险人具有保险利益。

根据保险法的规定，保险利益是人身保险合同成立的必要条件之一，无保险利益则人身保险合同无效。即订立合同时，投保人对被保险人不具有保险利益的，合同无效。如果投保人对保险标的没有保险利益，那么保险标的因保险事故发生不仅不会使投保人受到损失，反而会因为保险赔偿而使其获取利益。因此，投保人不会积极防止保险事故的发生，而是希望、促成甚至故意制造保险事故。法律规定投保人对保险标的要具有保险利益，目的就是防止发生为骗取保险金而作出不道德行为的情形。

投保人不得为无民事行为能力人投保以死亡为给付保险金条件的人身保险，保险人也不得承保。以死亡为给付保险金条件的合同，未经被保险人同意并认可保险金额的，合同无效。父母可以为其未成年子女投保以死亡为给付保险金的保险。父母为其18周岁以下的子女投保的人身保险，不必经其子女书面同意并认可保险金额。但是，父母为其未成年子女投保的人身保险中，因被保险人死亡给付的保险金总和不得超过国务院保险监督管理机构规定的限额。

但是，对于财产保险合同，法律并没有对于投保人无保险利益的保险合同是否有效作出明确规定，只是规定，在财产保险合同中，保险事故发生时，被保险人对保险标的不具有保险利益的，不得向保险人请求赔偿保险金。

### ◈生活实例1◈公司为职工投保，受益人该是谁？

某公司作为投保人为本公司职工投保了人身保险，受益人也被指定为本公司，这种现象合法吗？

◈分析解答◈作为被保险人的职工，是与投保人有劳动关系的劳动者。根据保险法的规定，公司为职工投保是合法的，也是为社会所鼓励的。需要指出的是，公司为员工投保，受益人应为员工自己而不是公司。

### ◈生活实例2◈未经丈夫书面同意，妻子投保被判无效①

2007年5月21日，赵女士在某保险公司填写了投保书，被保险人为丈夫张先生，险种为寿险和重大疾病险，保险合同中约定："被保险人于本合同生效之日起一年内因疾病导致身故或身体全

---

① 乔学慧：《未经丈夫书面同意　妻子投保被判无效》，载北京法院网，http://bjgy.chinacourt.org/public/detail.php? id=78944。

残，保险公司按本合同初始基本保险金额的 10% 给付身故或全残保险金，并无息返还所交保险费，本合同效力即行终止。"赵女士投保后，支付了 2007 年、2008 年的保险费合计 6100 元。2009 年 2 月 2 日，张先生身体不适住院，经诊断为骨髓增生异常综合征和 II 型糖尿病。出院后，张先生向保险公司申请理赔遭拒。后来双方闹上法庭。

庭审中，保险公司辩称，张先生提出理赔后，保险公司曾找赵女士谈话，赵女士表示她为张先生投保，张先生并不知情，投保书上张先生的签名也是赵女士代签。保险公司认为赵女士的投保行为违反了《保险法》第 56 条有关保险合同效力的强制性规定，请法院驳回其诉讼请求。

法院经审理认为，根据《保险法》第 56 条之规定，"以死亡为给付保险金条件的合同，未经被保险人书面同意并认可保险金额的，合同无效"。赵女士为丈夫投保签订的保险合同中含有因被保险人身故为条件给付保险金的约定，但赵女士投保此保险时，张先生并不知情，投保书上的签字也并非张先生本人所签，张先生也未书面同意并认可保险金额，因此该保险合同应为无效合同。保险公司因该保险合同所收取的保险费，应当予以返还。最终，法院判决保险合同无效，保险公司返还赵女士 6100 元。

◈分析解答◈新修订的《保险法》第 34 条第 1 款规定："以死亡为给付保险金条件的合同，未经被保险人同意并认可保险金额的，合同无效。"我们认为，根据此条对保险合同效力的认定应当慎重。在夫妻关系中，夫妻一方可以为另一方投保，本案中赵女士为其配偶投保的人身保险合同，包含寿险和重大疾病险两种险种，即便根据上条规定，也只能认定寿险部分无效，而是否能认定疾病保险部分无效，值得质疑。我们认为本案被保险人理赔的部分为疾病保险而不是寿险的理赔项目，应根据保险条款予以理赔。

## ？ 135. 财产保险合同的特点是什么？

财产保险合同是指投保人与保险人之间所达成的，由投保人缴付保险费，保险人对于投保的物质财产及其有关利益因保险事故造成的损失承担赔偿责任的保险合同。它与人身保险合同并存，是保险合同的两大基本种类之一。财产保险合同具有以下主要特征：

（1）财产保险合同的保险标的是财产以及由财产所产生的有关利益。具体可以分为三个方面：一是有形的物质财产，如房屋、汽车、机器设备等；二是无形财产，主要包括由财产所产生的各种财产权利，如保险权、专利权、财产使用权等；三是损害赔偿责任，这是指被保险人在因疏忽、过失等行为对他人造成损害，使他人财产遭受损失时，依法应当承担的民事赔偿责任。

（2）财产保险合同是一种补偿性合同，它主要是以补偿被保险人因保险事故遭受的经济损失为目的的订立的合同。保险财产或者与财产有关的利益都有确定的价值，在保险事故发生后，可以由保险人评定被保险人的实际损失，支付保险赔偿金，给予补偿。订立财产保险合同后，投保人以支付保险费为代价，取得发生保险事故时得到经济补偿的权利；保险人则是根据收取的保险费，对保险标的遭受保险事故造成的损失承担经济补偿责任。不能通过货币加以衡量的财产或利益就不能成为财产保险合同的保险标的。

（3）财产保险合同是以赔偿实际损失为原则的保险合同。在财产保险合同中，应记载保险金额，这是根据保险标的的价值所确定的赔偿保险金的最高限额。当发生保险事故时，保险人应当以保险金额为限，按照保险标的的实际损失进行赔偿。

## 136. 财产保险合同履行过程中，投保人、被保险人的主要义务是什么？

财产保险合同订立后，保险标的转让的，保险标的的受让人承继被保险人的权利和义务。保险标的转让的，除货物运输保险合同和另有约定的合同外，被保险人或者受让人应当及时通知保险人。因保险标的转让导致危险程度显著增加的，保险人自收到前款规定的通知之日起 30 日内，可以按照合同约定增加保险费或者解除合同。保险人解除合同的，应当将已收取的保险费按照合同约定扣除自保险责任开始之日起至合同解除之日止应收的部分后，退还投保人。被保险人、受让人未履行通知义务的，因转让导致保险标的的危险程度显著增加而发生的保险事故，保险人不承担赔偿保险金的责任。

在通常情况下，财产保险合同生效后，如果保险标的转让，应视为原投保人退出保险，该投保人与保险人之间的保险关系相对消灭，财产保险合同的主体发生变动。在这种情况下，要继续保持保险关系，投保人在保险标的转让时，就应及时通知保险人，以便保险人对保险标的的受让人的情况进行调查，了解受让人对保险标的的价值的估价以及他们具有的安全常识和对保险标的的可能采取的安全措施等情况，以确定是否继续承保。因此，应当将保险标的转让的情况通知保险人，经过保险人审核，同意继续承保，就由保险人在原保险单或者其他保险凭证上批注后，即完成保险合同的变更。在履行法定的变更保险合同手续后，保险合同继续有效。相反，除法律另有规定外，如果投保人转让保险标的的而不通知保险人，则保险合同从保险标的转让时起即行终止。

被保险人应当遵守国家有关消防、安全、生产操作、劳动保护等方面的规定，维护保险标的的安全。保险人可以按照合同约定对保险标的的安全状况进行检查，及时向投保人、被保险人提出消除不安全因素和隐患的书面建议。投保人、被保险人未按照约定履行其对保险标的的安全应尽责任的，保险人有权要求增加保险费或者解除合同。保险人为维护保险标的的安全，经被保险人同意，可以采取安全预防措施。为了促使投保人、被保险人维护保险标的安全，预防保险事故的发生，一般情况下，在订立财产保险合同时，都要约定投保人、被保险人对保险标的安全应尽的责任。如果投保人、被保险人不按照合同约定履行其对保险财产安全应尽的责任，则保险事故发生的可能性就会增加，同时，保险人维护保险标的安全的责任就会加重、费用就会增加。在这种情况下，保险人可以依法要求增加保险费或者解除保险合同。

在合同有效期内，保险标的的危险程度显著增加的，被保险人应当按照合同约定及时通知保险人，保险人可以按照合同约定增加保险费或者解除合同。保险人解除合同的，应当将已收取的保险费按照合同约定扣除自保险责任开始之日起至合同解除之日止应收的部分后，退还投保人。被保险人未履行通知义务的，因保险标的的危险程度显著增加而发生的保险事故，保险人不承担赔偿保险金的责任。

保险事故发生时，被保险人应当尽力采取必要的措施，防止或者减少损失。保险事故发生后，被保险人为防止或者减少保险标的的损失所支付的必要的、合理的费用，由保险人承担；保险人所承担的费用数额在保险标的的损失赔偿金额以外的另行计算，最高不超过保险金额的数额。

## 137. 投保人可以要求解除财产保险合同吗？

财产保险合同成立后，投保人要求解除保险合同，按照保险法的规定，应采用两种不同的方式退还保险费。

（1）保险责任开始前，投保人要求解除合同的，应当向保险人支付手续费，保险人应当退还全部保险费。这是因为保险责任开始前，保险人还没有开始履行合同约定的义务，若投保人要求解除合同，保险人应当将已经收取的保险费全部退还给投保人。但是，投保人应该向保险人支付必要的手续费。

（2）保险责任开始后，投保人要求解除合同的，保险人可以收取自保险责任开始之日起至合同解除之日止期间的保险费，剩余部分退还投保人。这是因为在保险责任开始后，保险人自保险责任开始之日起就承担起保障保险财产的风险损失的责任。

保险标的发生部分损失的，自保险人赔偿之日起 30 日内，投保人可以解除合同；除合同另有约定外，保险人也可以解除合同，但应当提前 15 日通知投保人。合同解除的，保险人应当将保险标的未受损失部分的保险费，按照合同约定扣除自保险责任开始之日起至合同解除之日止应收的部分后，退还投保人。

## 138. 财产保险合同的保险价值和保险金额是什么关系？

保险价值，就是保险标的的价格，它是确定保险金额从而确定保险人所承担赔偿责任的依据，确定保险价值对于履行财产保险合同具有重要意义。按照保险法的规定，确定保险价值有两种方法。

其一，保险价值由投保人和保险人在订立合同时约定，并在合同中明确作出记载。合同当事人通常都根据保险财产在订立合同时的市场价格估定其保险价值，有些不能以市场价格估定的，就由双方当事人约定其价值。事先约定保险价值的合同为定值保险合同，采用这种保险合同的保险，是定值保险。属于定值保险的，发生保险责任范围内的损失时，不论所保财产当时的实际价值是多少，保险人都要按保险合同上载明的保险价值计算赔偿金额。

其二，保险价值可以在保险事故发生时，按照当时保险标的的实际价值确定。在保险事故已经发生，需要确定保险赔偿金额时，才去确定保险价值的保险，是不定值保险，采取不定值保险方式订立的合同为不定值保险合同。对于不定值保险的保险价值，投保人与保险人在订立保险合同时并不加以确定，因此，不定值保险合同中只记载保险金额，不记载保险价值。投保人和保险人未约定保险标的的保险价值的，保险标的发生损失时，以保险事故发生时保险标的的实际价值为赔偿计算标准。

在财产保险合同中，保险金额十分重要，它是保险人承担赔偿或者给付保险金责任的最高限额，也是投保人缴付保险费的依据。保险金额与保险价值的关系非常紧密，根据保险法的规定，二者的基本法律关系是，保险价值是确定保险金额的依据，保险金额可以低于保险价值，不得高于保险价值，保险金额超过保险价值的，超过的部分无效。具体来讲，在财产保险合同中，保险金额与保险价值的关系可以有三种状态：一是保险金额与保险价值相等。这是足额保险，在这种保险中，如果保险标的发生保险事故而受到损失，被保险人可以得到与实际损失价值相等的保险金赔偿。二是保险金额超过保险价值。保险金额不得超过保险价值。超过保险价值的，超过部分无效，保险人应当退还相应的保险费。三是保险金额低于保险价值。这是不足额保险。保险金额低于保险价值的，除合同另有约定外，保险人按照保险金额与保险价值的比例承担赔偿保险金的责任。

## 139. 同一财产可以重复投保吗？

重复保险是指投保人对同一保险标的、同一保险利益、同一保险事故分别与两个以上保险人订立保险合同，且保险金额总和超过保险价值的保险。重复保险的投保人应当将重复保险的有关情况通知各保险人。这是重复保险的投保人应当履行的一项重要的法定义务。保险法规定这项义务的目的，是防止投保人利用与不同保险人分别订立保险合同的方式，进行保险欺诈，谋取不正当利益。通知的对象是参加重复保险的各个保险人，通知的内容为订立重复保险合同的有关情况。

投保人进行重复保险后，虽然每一个保险合同中的保险金额不超过保险标的的保险价值，但由于各个保险合同的保险标的都相同，各个保险合同的保险金额累计起来，其总和就会超过保险价值，形成超额保险。由于财产保险以赔偿金额不超过实际损失为原则，因此，保险法明确规定了一项基本原则，即重复保险的保险金额超过保险价值的，各保险人赔偿的赔偿金的总和不得超过保险价值，这是重复保险赔偿的基本原则。规定这项原则，可以防止被保险人利用重复保险获取超过保险标的实际损失的赔偿金。

根据重复保险赔偿的基本原则，在发生保险事故时，各个保险人可以按两种方式承担赔偿责任。

一是按比例分摊赔偿责任。这就是将各保险人承保的保险金额的总和计算出来，再计算每个保险人承保的保险金额占各个保险人承保的保险金额总和的比例，每个保险人分别按照各自的比例分摊损失赔偿金额。

二是按照合同约定的方式承担赔偿责任。重复保险的赔偿方式可以由各保险人在保险合同中约定。不管是各个保险人共同约定，还是由投保人在订立保险合同时与各保险人分别约定，只要有合同约定，保险人就应当按照合同约定的方式承担赔偿责任。

为了在投保人和保险公司之间保持公平，重复保险的投保人可以就保险金额总和超过保险价值的部分，请求各保险人按比例返还保险费。

## 140. 财产保险合同的保险责任包括哪些？

保险责任，是指保险人对于保险事故造成保险标的的损失的，依财产保险合同的约定进行赔偿的义务。保险责任在财产保险合同中具有重要意义，它是被保险人寻求保险保障的目的所在，也是保险人经营财产保险业务的首要义务。从保险法上讲，保险责任分为基本责任、除外责任和特约责任。为了明确起见，财产保险合同一般都采用列举的方式规定基本责任、除外责任以及特约责任，以便双方当事人遵守执行。

（1）基本责任，是指财产保险合同载明的保险人承担保险赔偿责任的危险范围。虽然，各类财产保险合同具体承保的危险范围并不一样，但是，一般可以分为三大类：

①自然灾害。一般包括暴风、洪水、海啸、地震、冰雹等。

②不可预见的意外事故。一般包括火灾、爆炸及因自然灾害或意外事故导致的停水、停电、停气损失等。

③为了抢救保险财产或者防止灾害损失的扩大而采取必要措施所发生的施救、保护、整理等合理费用的支出。

（2）责任免除，是指保险人不承担保险赔偿责任的风险损失。一般来说，战争、军事行动、暴力行动、核子辐射的污染、被保险人的故意行为等，多列入除外责任条款。

（3）附加责任，是指经投保人和保险人协商，将基本责任以外的灾害事故附加一定条件予以承保的赔偿责任。它实质上是一种扩大的保险责任，目的是满足被保险人特殊的保险保障需要。例如，机动车辆保险合同中的第三者责任保险、家庭财产保险合同附加的盗窃保险等即为附加责任。

❈生活实例❈司机不慎撞伤人，车主购买特约险获全赔[①]

某公司在购买一货车后，及时在中国财产保险公司某支公司购买了第三者责任险和不计免赔特约险，保险责任限额为20万元。2006年12月12日，该公司员工驾驶该车不慎将陈某撞伤。经交警认定，驾驶员负本次事故的全部责任。陈某之伤经诊断为"右股骨颈骨骨折"。随后，陈被送往医院作"股骨颈骨骨折螺纹钢针内固定术"，后又转院进行钢针拆除手术。之后，陈某的伤势被鉴定为七级伤残，造成各种损失111011.45元。公司垫付了医疗费

① 陈银虎：《司机不慎撞伤人 车主购买特约险获全赔》，载中国法院网，http：//www.chinacourt.org/public/detail.php? id＝331130。

22814.8 元后，因该次事故牵涉保险赔偿问题，难以与保险公司达成统一意见，陈遂将该公司诉至法院，同时，追加中国财产保险公司某支公司为被告参加诉讼。

法院审理认为，被告公司的车辆撞伤原告，公司应对车辆造成的损害承担赔偿责任，但该车已在中国财产保险公司购买了第三者责任险和不计免赔特约险，故该车造成的损失，应由保险公司在其保险责任限额内承担全部赔偿责任。同时，返还公司之前为原告垫付的医疗费 22814.8 元。最终法院判决保险公司按保险合同约定全额赔偿事故损失 111011.45 元。

◈**分析解答**◈本案中投保人向保险人购买不计免赔特约险后，发生保险事故，保险人应该依照保险合同的约定进行理赔。

## ❓ 141. 责任保险有什么特点？

责任保险，又称为第三者责任保险，是被保险人对第三者负损害赔偿责任时，由保险人承担其赔偿责任的一种保险。订立责任保险合同的目的，实际上是由保险人担负被保险人对第三者的损害赔偿责任。

责任保险的保险标的，是被保险人在法律上应该承担的损害赔偿责任，这与以某一具体的物质形态的财产为标的的保险有所不同。但是，由于发生民事赔偿责任，就需要向受损害的第三者支付金钱或者实物作为赔偿，所以，这种保险实际上是以被保险人的全部财产为保险标的的一种保险，也属于财产保险的范畴。

在责任保险中，保险人的保险责任构成必须具备两个条件：一是被保险人对于第三者在法律上应承担的赔偿责任；二是受损害的第三者必须向保险人请求赔偿。缺少其中任何一个条件，保险人就可以不承担保险责任。而以具体财产为保险标的的保险，保险责任的构成较为简单，保险财产因保险事故而造成毁损灭失的，保险人即负有赔偿责任。责任保险的目的是为了免除被保险人对第三者的损害赔偿责任，而以具体财产为保险标的的保险，目的在于补偿被保险人自己的财产因保险事故所遭受的损失。

投保责任保险的被保险人给第三者造成损害时，保险人可以直接向受损害的第三者支付保险金。这是由责任保险的目的决定的。责任保险合同具有免除被保险人对第三者的损害赔偿责任的法律效力。在责任保险合同的保险期间内，一旦发生被保险人对第三者损害的保险事故，被保险人对第三者的损害赔偿责任，由保险人代为承担，因此，保险人不必先将保险赔偿金支付给被保险人，而可以直接向受损害的第三者赔偿保险金。

责任保险的被保险人给第三者造成损害，被保险人对第三者应负的赔偿责任确定的，根据被保险人的请求，保险人应当直接向该第三者赔偿保险金。被保险人怠于请求的，第三者有权就其应获赔偿部分直接向保险人请求赔偿保险金。责任保险的被保险人给第三者造成损害，被保险人未向该第三者赔偿的，保险人不得向被保险人赔偿保险金。

责任保险的保险标的，是被保险人在法律上的损害赔偿责任，而不是具体的财产，所以，责任保险合同中都没有也不可能有保险金额，但可以规定保险人的赔偿限额。如果协议约定的赔偿金额大于保险合同约定的保险人的赔偿限额，则保险人只需按照赔偿限额支付保险赔偿金，其余部分由被保险人自己负责赔偿。

责任保险的被保险人因给第三者造成损害的保险事故而被提起仲裁或者诉讼的，被保险人支付的仲裁或者诉讼费用以及其他必要的、合理的费用，除合同另有约定外，由保险人承担。

## ❓ 142. 财产保险的保险人有代位求偿权吗？

保险事故发生后，保险人已支付了全部保险金额，并且保险金额等于保险价值的，受损保险标的的全部权利归于保险人；保险金额低于保险价值的，保险人按照保险金额与保险价值的比例取得受损保险标的的部分权利。这里的权利包括代位求偿权。保险代位求偿权是指因第三者对保险标的的损害而造成保险事故,保险人自向被保险人赔偿保险金后,在赔偿金额范围内取得被保险人对第三者请求赔偿的权利。

保险代位求偿权的构成要件主要包括:

(1)第三者行为致使保险标的损失,这里的"第三者"的范围指被保险人以外的一切人。但是除被保险人的家庭成员或者其组成人员故意造成保险事故外,保险人不得对被保险人的家庭成员或者其组成人员行使代位请求赔偿的权利。因为在这种情形下,如果被保险人对其进行代位求偿,将失去保险的本意价值。

(2)被保险人拥有赔偿请求权,保险代位求偿权建立在被保险人对第三者享有的赔偿请求权基础之上。只有赔偿请求权存在,被保险人才可能在获得保险赔偿后,向保险人转让其对第三者享有的赔偿请求权,从而产生保险代位求偿权。如果没有被保险人对第三者享有的赔偿请求权,也就不可能产生保险代位求偿权。如果保险事故发生后,保险人未赔偿保险金之前,被保险人放弃对第三者的请求赔偿的权利的,保险人不承担赔偿保险金的责任。保险人向被保险人赔偿保险金后,被保险人未经保险人同意放弃对第三者请求赔偿的权利的,该行为无效。被保险人故意或者因重大过失致使保险人不能行使代位请求赔偿的权利的,保险人可以扣减或者要求返还相应的保险金。

(3)保险人已经给付保险金。保险人在向被保险人给付保险金前,对造成保险标的的损害的第三者不能行使保险代位求偿权。在保险实务处理中,保险人给付保险金仅有事实上的给付即可,不要求保险人给付保险金是源于保险合同约定的保险金给付义务。

保险事故发生后,被保险人已经从第三者取得损害赔偿的,保险人赔偿保险金时,可以相应扣减被保险人从第三者已取得的赔偿金额。保险人行使代位请求赔偿的权利,不影响被保险人就未取得赔偿的部分向第三者请求赔偿的权利。

保险人向第三者行使代位请求赔偿的权利时,被保险人应当向保险人提供必要的文件和所知道的有关情况。

## 143. 人身保险中的受益人如何确定?

人身保险合同中的受益人，又称保险金受领人，是指保险事故发生时，人身保险合同中由被保险人或者投保人指定的享有保险金请求权的人。人身保险的保险标的是人的寿命或者身体。在死亡保险中，保险事故的发生即为被保险人的死亡，而被保险人已经死亡，自然无法受领保险金。因此，在人身保险合同中，受益人是重要的合同关系人。投保人、被保险人或者第三人，均可为受益人。

投保人指定受益人时须经被保险人同意。投保人为与其有劳动关系的劳动者投保人身保险，不得指定被保险人及其近亲属以外的人为受益人。被保险人为无民事行为能力人或者限制民事行为能力人的，可以由其监护人指定受益人。

被保险人或者投保人可以指定一人或者数人为受益人。受益人为数人的，被保险人或者投保人可以确定受益顺序和受益份额；未确定受益份额的，受益人按照相等份额享有受益权。被保险人或者投保人可以变更受益人并书面通知保险人。被保险人或者投保人可以变更受益人，保险人收到变更受益人的书面通知后，应当在保险单或者其他保险凭证上批注或者附贴批单。投保人变更受益人时须经被保险人同意。

另外，受益人故意造成被保险人死亡、伤残、疾病的，或者故意杀害被保险人未遂的，该受益人丧失受益权。

## 144. 人身保险合同有保障功能吗?

给付保险金是保险人在人身保险合同中承担的主要义务，相比较而言，保险人给付人身保险金不同于在财产保险合同中的保险赔偿，体现出一定的保障功能。

　　首先，一般的人身保险合同都是定额保险，保险人在保险事故发生或者保险期限届满后，应当按合同约定的数额向被保险人或者受益人给付保险金。但是，健康保险和意外伤害保险中的部分内容具有补偿的性质，例如，医疗费用保险，保险人按照实际医疗费用支出予以给付，而不能进行定额给付，也不能超出合同约定的保险金额。

　　其次，保险人给付人身保险金时应按投保人投保的险种和份额分别依约给付，不存在超额保险和重复投保的问题。因为，人身保险合同是给付性合同，兼有储蓄和返还的性质，投保人可以投保一种或数种人身保险，也可以在同一种人身保险中购买数份保险单。那么，在保险事故发生或保险期限届满时，保险人对于每一张人身保险单，均应分别给付保险金。这显然区别于财产保险合同中的保险人依据保险标的的保险价值，在保险金额范围内的按实际损失予以赔付的补偿性质。

　　最后，保险人给付人身保险金后，不存在代位追偿的权利。人身保险的被保险人因第三者的行为而发生死亡、伤残或者疾病等保险事故的，保险人向被保险人或者受益人给付保险金后，不得享有向第三者追偿的权利。从而，被保险人获取保险金后，仍有权依据民法的有关规定，向负有责任的第三者行使人身损害赔偿请求权。保险人没有代位追偿的资格。这也不同于财产保险合同中保险人的代位求偿制度。

　　此外，基于人身保险合同的储蓄性质，保险人在不承担保险金给付责任或者解除保险合同的情况下，仍应当依法退还保险单的现金价值或退还保险费。投保人故意造成被保险人死亡、伤残或者疾病的，保险人不承担给付保险金的责任。投保人已交足两年以上保险费的，保险人应当按照合同约定向其他权利人退还保险单的现金价值。而投保人或保险人依法解除人身保险合同时，如果投保人已交足两年以上保险费的，保险人应当按照合同约定退还保险单的现金价值；未交足两年保险费的，保险人应按照合同约定扣除手续费后，退还保险费。因投保人欠缴保费导致保险合同效力中止的，经保险人与投保人协商并达成协议，在投保人补交保险费后，合同效力恢复。但是，自合同效力中止之日起满两年双方未达成协议的，保险人有权解除合同。保险人解除合同的，应当按照合同约定退还保险单的现金价值。

## 145. 投保人未支付保险费的后果是什么？

在保险合同关系中，投保人的主要义务就是支付保险费。投保人只有按照合同约定支付保险费，保险合同才继续有效。由于人身保险合同是以人的寿命和身体作为保险标的的保险合同，主要包括人寿保险、健康保险、意外伤害保险等。在人身保险中，有的是短期保险，如健康保险，其保险费的支付方式类似于财产保险，一般在签订保险合同时一次付清保险费。除此之外，人身保险中大多数是长期保险，如人寿保险。人寿保险是以人的生命作为保险标的的保险，即约定在一定期限内以被保险人的死亡或者生存为保险事故，发生保险事故或者保险合同到期后，由保险人支付保险金。因此，人寿保险合同的保险期比较长，因而保险费金额比较高，如果一次性支付，会给投保人带来困难。为了照顾投保人的经济承受能力，同时，也是为了人身保险事业的顺利发展，人身保险合同的投保人可以采取一次性支付全部保险费的方式，也可以按照合同约定分期支付保险费。即投保人应当于合同成立时支付首期保险费，并应当按照合同约定支付其余各期的保险费。同时，为了使长达数十年的人身保险合同的效力得以维持，合同双方通常在合同中订明分期支付保险费的具体办法，比如支付保险费的周期、每期支付的时间和数额等。投保人应当严格按照合同的约定如期支付保险费。如果投保人不能按期支付保险费，就会影响合同的效力。除合同另有约定外，从保险人催告缴费之日起，超过 30 日投保人未支付当期保险费的，或者超过约定的期限 60 日未支付当期保险费的，合同效力中止。"合同效力中止"是暂时性的，待满足一定条件后，合同效力还可以恢复，与"合同效力终止"是有区别的。在投保人未按照约定期限支付当期保险费时，除合同另有约定外，合同效力并不立即中止，而是再给投保人30日或者60日的宽限期，在此期间，保险合同的效力仍然维持。投保人只要在规定期限内支付当期保险费，保险合同就继续有效。投保人只有在超过规定的期限60日未支付当期保险费的，合同效力才终止。

另外，因为保险金额的大小与缴纳保险费的多少是成正比的。因此，本条规定保险人可以按照合同约定的条件减少保险金额以折抵投保人未按规定缴纳的保险费，从而继续维持合同的效力。

保险费支付与否，只影响保险合同的效力。如果投保人不按约定支付保险费，最终结果只能导致保险合同的解除，保险人不再承担保险责任，而不会在投保人与保险人之间形成债权债务关系。人身保险合同的保险人不能强制投保人履行支付保险费的义务，即本条规定的保险人对人身保险的保险费不得以诉讼方式请求投保人支付。

## 146. 人身保险合同的保险金给付方式有什么不同？

人身保险合同按照保险责任可以作如下分类：人寿保险、健康保险和意外伤害保险。

人寿保险是主要以人的寿命为保障对象的人身保险。人寿保险通常以被保险人在保险期间内生存或身故为给付保险金的条件。有的人寿保险产品还包括保险合同约定的全残责任。人寿保险按照保险责任分为定期寿险、终身寿险、两全保险和年金保险。

定期寿险是指按照保险合同约定，以死亡为给付保险金条件，且保险期间为固定年限的人寿保险。定期寿险提供一个固定期间的保障，如10年、20年或到被保险人达到某个年龄为止。在保险期间内，如果被保险人不幸身故，保险公司给付保险金；保险期间结束时，如果被保险人仍然生存，保险公司不给付保险金，也不退还保险费，保险合同终止。

　　终身寿险是指按照保险合同约定，以死亡为给付保险金条件，且保险期间为终身的人寿保险。终身寿险能够为被保险人提供终身的保险保障。投保后，不论被保险人在什么时间身故，保险公司都要按照合同约定给付保险金。由于保险期间较长，终身寿险带有一定的储蓄功能，具有一定的现金价值。

　　两全保险是指按照保险合同约定，在保险期间内以死亡或生存为给付保险金条件的人寿保险。两全保险同时具有保障和储蓄功能。

　　年金保险是指按照保险合同约定，以生存为给付保险金条件，按约定分期给付生存保险金，且分期给付生存保险金的间隔不超过一年（含一年）的人寿保险。常见的年金保险有养老年金保险和教育年金保险等。养老年金保险可以为被保险人提供老年生活所需的资金，教育年金保险则可以为子女教育提供必要的经费支持。

　　健康保险是指对因健康原因导致的损失给付保险金的保险，包括疾病保险、医疗保险、失能收入损失保险和护理保险。

　　疾病保险是指以保险合同约定的疾病的发生为给付保险金条件的保险。重大疾病保险是目前市场上最常见的疾病保险。重大疾病保险是当被保险人在保险期间内发生保险合同约定的疾病、达到约定的疾病状态或实施了约定的手术时给付保险金的健康保险产品。重大疾病保险的根本目的是为病情严重、花费巨大的疾病治疗提供经济支持。

　　医疗保险是指以保险合同约定的医疗行为的发生为给付保险金条件，为被保险人接受诊疗期间的医疗费用支出提供保障的保险。医疗保险按照保险金的给付性质分为费用补偿型医疗保险和定额给付型医疗保险。费用补偿型医疗保险是指根据被保险人实际发生的医疗费用支出，按照约定的标准确定保险金数额的医疗保险。这种类型的医疗保险的给付金额不能超过被保险人实际发生的医疗费用金额。定额给付型医疗保险是指按照约定的数额给付保险金的医疗保险。

　　意外伤害保险是指在约定的保险期间内，因发生意外伤害而导致被保险人身故或残疾，保险公司给付约定保险金的保险。意外伤害保险的保险期间多为一年期或一年期以下，最常见的有综合意外伤害保险、交通工具意外伤害保险等。

各类人身保险合同的保险金给付也不尽相同。在人寿保险合同中，保险金的给付方式是多种多样的，具体包括：一次性支付、分期定额支付、分期终身支付、利息收入支付、定期收入支付等。

人寿保险合同的责任免除，一般包括：被保险人因犯罪行为，致其死亡或者残废；被保险人自杀的，除法律另有规定外，保险人不承担保险金给付责任；投保人在投保时，未如实告知被保险人年龄等重大情况的，但法律另有规定的除外；被保险人或者受益人、投保人欺诈为骗取保险金的，保险人不承担保险金给付责任，对已经支付的有权要求返还。

保险人在健康保险合同中，一般是按照合同约定给付保险金的，其给付的内容包括医疗费、生育费、残废津贴费、死亡的丧葬费、子女教育费等项目，具体范围依相应的险种而定。

健康保险合同的责任免除，一般包括：被保险人在订立保险合同之时已患病或怀孕的，保险人对该病和分娩不承担保险责任；被保险人故意自杀或企图自杀而造成疾病及因此致残致死的，保险人不承担保险责任。当然，法律另有规定的除外；被保险人因故意堕胎所致的疾病、残废、流产和死亡的，保险人不承担保险责任。但是，经医生诊断因疾病而需要堕胎的或因计划生育的要求而堕胎的，保险人应当承担保险责任。

保险人在意外伤害保险合同中给付保险金的条件，必须是在保险期间因遭遇非本意的、外来的、突发的意外事故造成被保险人的伤残或者死亡。但是，下列情况就属于意外伤害保险合同的责任免除：故意自杀、疾病、违法行为、不必要的冒险行为、服毒、煤气中毒、酗酒等。

被保险人基于承保范围的意外事故而伤残、死亡时，保险人承担保险责任的，要经医疗机构证明其伤残程度，以便确其按伤残标准给付保险金的数额。如果被保险人因意外事故而被依法宣告失踪或死亡的，保险人应给付保险金。由于意外伤害保险合同属于定额保险，故保险人在给付保险金时，应当考虑双方当事人约定的保险金额。同时，因意外伤害保险合同具有补偿性质，保险人又要以其实际损失为根据。

### ❖生活实例❖男子感染出血热死亡，家属持保单理赔遭拒①

　　小李系某公司职工，2008 年 11 月初被公司派往非洲工作。由于非洲地区系传染疾病流行地区，在保险公司的推荐下，公司为包括小李在内的 8 名职员购买了 5 份"五合一多功能意外保险"产品。其中一种一般意外伤害身故保险金每份为人民币 10 万元，受益人系被保险人的法定继承人。2008 年 11 月底，小李从非洲回国，身体出现异常情况，12 月 5 日因肾脏综合征出血热发病而入院治疗，12 月 7 日因肾脏综合征出血热引发的多脏器功能衰竭，电解质紊乱最终导致死亡。经专家诊断，小李所患肾脏综合征出血热系刚果出血热，根据流行病医学文献记载，该种疾病系由特定地区的疫源病毒传染所致。小李死亡后，其父母李先生夫妇遂向保险公司提出了理赔申请。保险公司则以小李之死亡非系保险责任内损失，不构成意外伤害保险事故为由，拒绝赔付。

　　李先生夫妇认为，保险公司明知小李购买保险的目的是为了减轻在非洲可能因病毒传染导致意外伤害所带来的经济损失，而且小李的死亡显然属于外来的、突发的、非本意的、非疾病的因疫源病毒传染所造成的"意外伤害"，符合保险合同中所约定的"一般意外伤害"保险事故。所以，保险公司理应向其支付 50 万元的保险金，保险公司的拒赔行为严重侵犯了其合法权益，遂起诉至人民法院，要求保险公司支付 50 万元保险金。

　　❖分析解答❖根据双方订立的保险合同关于责任范围的约定，关键在于明确肾脏综合征出血热是否属于保险合同的责任范围，即是否属于属于外来的、突发的、非本意的、非疾病的因疫源病毒传染所造成的"意外伤害"，如果是，应当理赔；如果不是，保险公司有权拒赔。

---

　　① 王艳华：《男子感染出血热死亡　家属持保单理赔遭拒》，载北京法院网，http://bjgy. chinacourt. org/public/detail. php？id＝79650。

# 第十二章　储蓄存款合同纠纷

## 🅿 147. 办理存款需要用实名吗?

　　个人存款账户，是指个人在金融机构开立的人民币、外币存款账户，包括活期存款账户、定期存款账户、定活两便存款账户、通知存款账户以及其他形式的个人存款账户。2000 年 3 月 20 日，国务院公布《个人存款账户实名制规定》，规定要求自 2000 年 4 月 1 日起，个人在金融机构开立个人存款账户时，应当出示本人身份证件，使用实名。代理他人在金融机构开立个人存款账户的，代理人应当出示被代理人和代理人的身份证件。不出示本人身份证件或者不使用本人身份证件上的姓名的，金融机构不得为其开立个人存款账户。之前已经在金融机构开立的个人存款账户，按照当时的国家有关规定执行，之后在原账户办理第一笔个人存款时，原账户没有使用实名的，应当依照规定使用实名。

　　※生活实例※用小名开户忘密码，非储户过错银行应付钱①

　　原告王某诉称，八九年前，其曾用小名在被告处开户并设置密码，此后存取数次。后原告将密码遗忘，在取款时遭被告拒付。原告认为在其开户时并未实行实名制，有权使用小名开户。因此，现原告为存折持有人，存折中的存款属于他个人所有。被告的行为侵

　　① 张爽:《用小名开户忘密码　非储户过错银行应付钱》，载北京法院网，http://bjgy.chinacourt.org/public/detail.php? id = 78123。

害了原告的合法权益，故诉至法院，要求被告支付其存款余额510.42元。

被告该银行辩称，该小名于1999年11月20日在其行下属的某储蓄所开户，现该账户因密码错误输入次数过限被锁定。被告曾持此存折与其进行过协商，但因其行不能确认原告与该小名是否为同一人、原告亦无法提供该小名的身份证件，故未予办理。

法院经审理查明，原告曾在被告下属的某支行开立账户一个，至2007年该账户中金额为510.42元。后原告持该存折取款时因遗忘密码，且不能出示小名的身份证，遭被告拒付。银行与储户建立储蓄存折，双方的存储合同关系即告成立，双方均应履行合同义务。户名为"王某某"的存折系在中国人民银行规定实名制之前开户，原告的姓名与存折开户名称不一致及原告无法提供相应有效证件印证并非原告的主观过错。故判令被告在原告提供存折及本人有效身份证件号码、住址后三日内，支付原告截至2002年7月1日的存款510.42元。

※分析解答※我国个人储蓄存款于2000年4月1日起开始实行实名账户，在此之前，并没有严格的要求，所以出现了本案中的这种情况，如果原告能够证明其为该账户的合法继承人，就能获得该账户下的所有权益。

## 148. 进账单能证明真实的存款行为吗？

储蓄是指个人将属于其所有的人民币或者外币存入储蓄机构，储蓄机构开具存折或者存单作为凭证，个人凭存折或者存单可以支取存款本金和利息，储蓄机构依照规定支付存款本金和利息的活动。储户将如果有证据证明存款人将款项交付给储蓄机构或者其负有相关职责的工作人员，款项交付地点是在储蓄机构的办公场所，则无论存单的印章是否齐全、票面是否完备，应该认定有真实的存款行为。如果有证据证明存款人将款项交付给储蓄机构或者其负有相关职责的工作人员，款项交付地点不在储蓄机构的办公场所，但同时有证据证明储蓄机构有吸存、揽存的意思表示，则无论存单的印章是否齐全、票面是否完备，应该认定有真实的存款行为。如果有证据证明存款人将款项交付给储蓄机构或者其负有相关职责的工作人员，款项交付的地点不在储蓄机构的办公场所，存单印章齐全，票面完备，应认定有真实的存款行为。如果有证据证明存款人将款项交给了储蓄机构所授权的代理人并且取得了印章齐全、票面完备的存单，应认定有真实的存款行为。

持有人以存单、进账单、对账单、存款合同等真实凭证为证据提起诉讼的，金融机构应当对持有人与金融机构间是否存在存款关系负举证责任。如金融机构有充分证据证明持有人未向金融机构交付上述凭证所记载的款项的，人民法院应当认定持有人与金融机构间不存在存款关系。如金融机构不能提供证明存款关系不真实的证据，或仅以金融机构底单的记载内容与上述凭证记载内容不符为由进行抗辩的，应认定持有人与金融机构间存款关系成立，金融机构应当承担兑付款项的义务。

持有人以在样式、印鉴、记载事项上有别于真实凭证，但无充分证据证明系伪造或变造的瑕疵凭证提起诉讼的，持有人应对瑕疵凭证的取得提供合理的陈述。如持有人对瑕疵凭证的取得提供了合理陈述，而金融机构否认存款关系存在的，金融机构应当对持有人与金融机构间是否存在存款关系负举证责任。如金融机构有充分证据证明持有人未向金融机构交付上述凭证所记载的款项的，法院应当认定持有人与金融机构间不存在存款关系，判决驳回原告的诉讼请求；如金融机构不能提供证明存款关系不真实的证据，或仅以金融机构底单的记载内容与上述凭证记载内容不符为由进行抗辩的，应认定持有人与金融机构间存款关系成立，金融机构应当承担兑付款项的义务。

**❋生活实例❋30万存款奇消失，蹊跷账单引纷争**①

2002年5月的一天，某建筑公司在某银行开设工程保证金账户。同日，其收到一张以某咨询公司为付款人的以该建筑公司为收款人的加盖该行"转讫"章的人民币30万元的进账单。经电话查询，该款将于3日后到账。2006年9月，该建筑公司向某银行提出动用该户资金的付款请求时，却被银行告知其并未在该行开户存款。为此，该建筑公司多次与银行协商。无果之下，某建筑公司诉至法院，要求某银行立即返还存款30万元，并支付违约金3万元。被告某银行辩称，该建筑公司到其支行开立账户属实，但其向法庭提交的以某咨询公司为付款人、以原告为收款人的人民币30万元的进账单存在多处错误，且该咨询公司并未实际付款，故该行从未收到过归属原告名下的30万元，原被告之间不存在真实的存款关系。请求法院驳回原告诉讼请求。

法院经审理认为，某银行为某建筑公司出具的开户通知书，证明该公司曾到被告处开立账户；但某咨询公司的银行分户账并未有其付款30万元的记录，而在此期间该建筑公司及某银行也没有任何30万元的收款记录，因此表明该咨询公司与某建筑公司之间不存在收付款行为，也不存在被告某银行收款后未打入到原告账户的情况。同时原告某建筑公司持有的加盖"转讫"章的进账单，不足以证明已取得某咨询公司存入银行的30万元，亦不能证明原、被告之间存在真实的储蓄存款关系。故原告某建筑公司要求被告返还其存款30万元及利息并支付违约金3万元的诉讼请求，法院不予支持。同时由于被告某银行在填写有误的进账单上加盖"转讫"章，而引起纠纷，自身也存在过错，故也应承担相应的责任。

**❋分析解答❋**在经济活动中，一些不法之徒往往利用假存单、假账单进行欺诈行为，对此应当特别注意对于存单、账单的真实性的审查，以免上当受骗。

---

① 袁雯：《30万存款奇消失　蹊跷账单引纷争》，载北京法院网，http：//bjgy. chinacourt. org/public/detail. php？id＝70151。

## 149. 口头挂失后存款被盗取，银行是否担责？

根据《储蓄管理条例》和相关规定，存单、存折分为记名式和不记名式。记名式的存单、存折可以挂失，不记名式的存单、存折不能挂失。储户遗失存单、存折或者预留印鉴的印章的，必须立即持本人身份证明，并提供储户的姓名、开户时间、储蓄种类、金额、账号及住址等有关情况，向其开户的储蓄机构书面申请挂失。储户遗失存单后，委托他人代为办理挂失手续只限于代为办理挂失申请手续。委托他人代为办理挂失手续的，被委托人只要出具委托人及被委托人的身份证件，并按照规定提供存款的有关内容，储蓄机构即可受理挂失手续。在特殊情况下，储户可以用口头或者函电形式申请挂失，但必须在 5 天内补办书面申请挂失手续。储蓄机构受理挂失后，必须立即停止支付该储蓄存款；受理挂失前该储蓄存款已被他人支取的，储蓄机构不负赔偿责任。挂失申请手续办理完毕后，储户必须亲自到储蓄机构办理补领新存单（折）或支取存款手续。

在办理挂失手续时，储蓄机构对身份证件只进行形式审查，不负有鉴别身份证件真伪的责任。由于银行对于存款领取的审查大都是表面上、形式上的审查。因此很容易发生冒领，但对于被冒领后的责任归属却视情况而定。如果是由于工作失误而使存款被他人冒领，其行为显然是违约行为，储蓄机构应承担违约责任。但是如果是存款人丢失存折后应挂失而没有挂失的，使得他人用存折来冒领则储蓄机构不负责任。储蓄机构在支付存款过程中有无过失，是判断有无责任的关键。

❋生活实例❋**存款被人冒领，银行承担责任**①

2000 年 6 月，魏某在某区某商业银行下属储蓄所活期存款

---

① 曹福、李岩、薛国：《存款被人冒领　银行承担责任》，载北京法院网，http://bjgy.chinacourt.org/public/detail.php? id＝955。

3.41 万元，后来又在商业银行另一个分理处同一账号存有工资款。2000 年 7 月 26 日，魏某在上班的途中将手提包丢失，包内有存折、工资卡、身份证、户口本等物。当天 8 时 30 分左右，魏某即到分理处口头申请挂失，分理处营业员李某将魏某工资卡冻结止付，同时告诉魏某丢失的存折需要到开户行挂失。8 时 50 分，魏某赶到开户储蓄所向营业员提供了自己的姓名、存款金额和口头挂失申请，储蓄所工作人员郝某接待了魏某，她要求魏某提供身份证明。魏某回本单位开具身份证明再次返回储蓄所时，得知他的存款已于 9 时 30 分通过分理处营业员李某之手被他人支取。魏某为了讨回自己的万元巨款，把商业银行某支行告上了法院。

国务院《储蓄管理条例》第 31 条规定：储户遗失存折，必须立即持本人身份证明，并提供储户的姓名、开户时间、储蓄种类、金额、账号及住址等有关情况，向其开户的储蓄机构书面申请挂失。在特殊情况下，储户可以用口头或函电形式申请挂失，但必须在 5 天内补办书面申请挂失手续。中国某商业银行北京市分行《储蓄工作管理规定》第 5 条第 12 款规定：通存通兑范围内，联机系统的储蓄所可以办理活期储蓄临时挂失业务。

本案中，魏某将存款存入某商业银行所属储蓄所，双方的储蓄存款合同即告成立，公民的合法储蓄应受法律保护。魏某不慎将存折遗失后及时到储蓄机构挂失，但由于户口本和身份证丢失，他只能提供其姓名和储蓄金额进行口头申请挂失。商业银行所属机构某分理处和储蓄所都应该本着对储户负责的态度，及时办理临时挂失手续。但是工作人员却没能履行自己的职责，他们的行为违反了行业规定。商业银行工作人员李某在储户口头申请挂失后，不仅没有按规定受理，而且自己经手将魏某存款被他人冒领，他的行为存有过错。但他的行为是职务行为，由此，对魏某造成的经济损失，商业银行某支行分理处承担赔偿责任。据此，法院判决商业银行某支行赔偿魏某储蓄存款损失共计 3.41 万元及利息。

◈**分析解答**◈本案中储户的损失发生在魏某口头挂失之后，因此，银行应当负相应的违约责任。

## 150. 银行储蓄卡密码被泄露导致存款被他人盗取，银行有责任吗？

随着银行卡的普及，作为储户在取现和支付上变得愈加方便和快捷，持卡消费已成时尚。但享受方便的同时，安全隐患也随之而来。一种较为常见的犯罪手法是：作案人在 ATM 机上加装信用卡复制设备，在盗取了储户的信用卡信息之后，再伪造新卡转账或取现。若储户在 ATM 机上丢失存款金额，这其中的责任如何分配——是失主自担，还是银行赔偿，抑或双方分担损失？寄希望于窃贼归还通常是不可期待的，即便窃贼落网，刑事附带民事追偿也极为艰难。鉴于此，需要在失主和银行之间划定权责的范围。

2005 年 7 月 25 日最高人民法院《关于银行储蓄卡密码被泄露导致存款被他人骗取引起的储蓄合同纠纷应否作为民事案件受理问题的批复》指出：因银行储蓄卡密码被泄露，他人伪造银行储蓄卡骗取存款人银行存款，存款人依其与银行订立的储蓄合同提起民事诉讼的，人民法院应当依法受理。但银行是不是应该负责赔偿，则要根据具体情况决定。

◈生活实例◈储户粗心泄密码，银行审核不严要赔偿①

2001 年 9 月，李先生在农行北京市分行西单储蓄专柜申请办理了金穗借记卡一张，并在卡上存款29.8 万元。10 月 2 日，因购车事宜李先生与厦门某公司陈经理联系，并应要求向其提供了卡号和密码。仅仅过了两分钟，李先生觉得这事有些蹊跷，因此试图重设一个新密码。这时，李先生发现卡中金额已只剩 50 元。经查，李先生得知存款于当日在温州农行中山储蓄所被他人用假卡和假身份证一次性冒取，遂即向警方报案并向中山储蓄所提出索赔的要求。2004 年 3 月，厦门市中级人民法院向李先生邮寄了一份刑事

---

① 郭京霞：《储户粗心泄密码　银行审核不严要赔偿》，载北京法院网，http://bjgy. chinacourt. org/public/detail. php？id＝22209。

判决书，实施信用卡诈骗的犯罪分子被依法判处无期徒刑，并通知李先生只能发还被骗款项 4.5 万元，该款也只能发还给农行中山支行，其余 25 万元无法追回。李先生认为农行中山支行作为金融机构，未能尽到审慎义务而错误付款，应承担赔偿责任，遂起诉至法院要求农行中山支行、农行北京市西城区支行共同赔偿存款 29.795 万元、利息 6440.13 元、赔偿差旅费 5000 元，共计 309390.13 元，并共同承担诉讼费。中山支行认为李先生曾将密码泄露给他人，应自负其责，银行在该业务中无过错，不应负责。

　　法院经审理认为，李先生在农行西城支行办理金穗借记卡后，双方间形成储蓄合同关系，双方均应依合同的相关规定行使权利，履行义务。农行中山支行与农行西城支行系同系统的金融机构，在该系统内的存款可通存通兑，李先生办理金穗借记卡后，在农行系统内的储蓄支取行为均应遵循章程办理。农行中山支行亦应按照中国人民银行的相关规定，办理存取款业务。李先生将其自己的金穗卡卡号和密码泄露以及农行中山支行在支付款项时未尽到严格的审核义务，是造成李先生在农行西城支行储蓄的资金被他人冒领、资金损失的原因，对此，李先生与农行中山支行均存在过错，故双方均应对该损失承担责任。因农行西城支行对李先生资金的流失不存在过错，故农行西城支行不应承担责任，农行中山支行应在其责任范围内承担赔偿责任。据此，法院作出判决，由中国农业银行温州市中山支行赔偿李先生存款人民币 148975 元及利息 3220 元。

　　◈分析解答◈在存款被人盗取向银行索赔的案件中，往往要求储户证明其存款确实是为他人所盗取，或者银行有过失，银行的过失与存款被他人支取之间有因果关系，这对于储户来说非常困难，所以在一些案例中，往往是通过刑事案件的审理，确定该储户的存款为犯罪分子所窃取，并且窃取数额也已经确定，才会获得银行的赔偿。

**图书在版编目（CIP）数据**

合同纠纷/周院生，张自合总主编 . —北京：中国
检察出版社，2009.11
（常见法律纠纷实务指导丛书）
ISBN 978 – 7 – 5102 – 0187 – 5

Ⅰ. 合… Ⅱ. ①周…②张… Ⅲ. 合同—经济纠纷—
处理—中国—问答 Ⅳ. D623.65

中国版本图书馆 CIP 数据核字（2009）第 197208 号

**合同纠纷**

周院生 张自合 总主编

| | |
|---|---|
| 出 版 人： | 袁其国 |
| 出版发行： | 中国检察出版社 |
| 社 址： | 北京市石景山区鲁谷西路 5 号（100040） |
| 网 址： | 中国检察出版社（www.zgjccbs.com） |
| 电子邮箱： | zgjccbs@ vip.sina.com |
| 电 话： | （010）68682164（编辑） 68650015（发行） 68636518（门市） |
| 经 销： | 新华书店 |
| 印 刷： | 保定市中画美凯印刷有限公司 |
| 开 本： | A5 |
| 印 张： | 7.5 印张 |
| 字 数： | 203 千字 |
| 版 次： | 2010年1月第一版 2010年1月第一次印刷 |
| 书 号： | ISBN 978 – 7 – 5102 – 0187 – 5 |
| 定 价： | 20.00 元 |

检察版图书，版权所有，侵权必究
如遇图书印装质量问题本社负责调换